westermann

Gerd Baumann, Michael Baumgart, Werena Busker, Alfred Geltinger, Axel Jähring, Volker Kähler, Kay Sanmann, Inka Schliebner, Jörg Strube

Logistische Prozesse
Berufe der Lagerlogistik

Arbeitsheft mit praktischen Übungen

10. Auflage

Gültig ab der 21. Auflage des zugehörigen Lehrbuchs

Bestellnummer 31545

Die in diesem Produkt gemachten Angaben zu Unternehmen (Namen, Internet- und E-Mail-Adressen, Handelsregistereintragungen, Bankverbindungen, Steuer-, Telefon- und Faxnummern und alle weiteren Angaben) sind i. d. R. fiktiv, d. h., sie stehen in keinem Zusammenhang mit einem real existierenden Unternehmen in der dargestellten oder einer ähnlichen Form. Dies gilt auch für alle Kunden, Lieferanten und sonstigen Geschäftspartner der Unternehmen wie z. B. Kreditinstitute, Versicherungsunternehmen und andere Dienstleistungsunternehmen. Ausschließlich zum Zwecke der Authentizität werden die Namen real existierender Unternehmen und z. B. im Fall von Kreditinstituten auch deren IBANs und BICs verwendet.

Die in diesem Werk aufgeführten Internetadressen sind auf dem Stand zum Zeitpunkt der Drucklegung. Die ständige Aktualität der Adressen kann vonseiten des Verlages nicht gewährleistet werden. Darüber hinaus übernimmt der Verlag keine Verantwortung für die Inhalte dieser Seiten.

service@westermann.de
www.westermann.de

Bildungsverlag EINS GmbH
Ettore-Bugatti-Straße 6-14, 51149 Köln

ISBN 978-3-427-31545-2

westermann GRUPPE

Vorwort

Das vorliegende Arbeitsheft ist für Auszubildende in den Ausbildungsberufen Fachlagerist und Fachkraft für Lagerlogistik erstellt und soll das im selben Verlag erschienene Fachbuch **Logistische Prozesse** (Bestellnummer 31542) ergänzen.

Das Arbeitsheft ist so aufbereitet, dass es von der Lehrkraft zur Erarbeitung des Unterrichtsstoffes wie auch zur Lernzielsicherung des vermittelten Wissens eingesetzt werden kann. Es kann aber auch zur selbstständigen Erarbeitung, zur Wiederholung und Vertiefung des Lernstoffes genutzt werden.

Das Arbeitsheft deckt weitgehend die Inhalte der Lernfelder 1 bis 11 der KMK-Rahmenlehrpläne ab. Damit dient die Erarbeitung der Arbeitsblätter auch als Vorbereitung auf die Abschlussprüfung in beiden Berufen.

Die im Arbeitsheft verwendeten unterschiedlichen Aufgabenarten sollen bei der Bearbeitung die Methodenkompetenz erhöhen und den Auszubildenden ein abwechslungsreiches Arbeiten ermöglichen. Neben offenen Fragen sind Rechenaufgaben, Multiple Choice, Zuordnungsaufgaben, Reihenfolgeaufgaben, Kreuzworträtsel und Silbenrätsel zu lösen sowie Abbildungen, Schaubilder, Landkarten und Gesetzestexte zu bearbeiten.

Ein Teil der Aufgaben ist ohne Hilfe zu lösen, bei anderen Aufgaben soll das Fachbuch zu Hilfe genommen werden. Vielfach führt auch ein Nachlesen in Gesetzestexten oder der Aufruf einer Internetadresse zur Lösung der Aufgabe. Handlungsorientierung soll zusätzlich auch durch die Bearbeitung praxisnaher Situationsaufgaben sowie durch praktische Übungen gefördert werden.

Das Arbeitsheft ist für Einzel- und Gruppenarbeit gleichermaßen einsetzbar.

Der Einsatz des Arbeitsheftes in der Klasse erspart dem Lehrer Vorbereitungszeit und Kopierarbeit und vermindert für die Schüler die häufig zeitaufwendige Schreibarbeit. Selbstverständlich bleibt es der Lehrkraft überlassen, weitere Schaubilder, Texte, Tabellen, Situationsaufgaben und Themenbereiche in den Unterricht einfließen zu lassen.

Das Autorenteam ist für Anregungen und Kritik dankbar und hofft, Lehrern und Auszubildenden mit dem Arbeitsheft eine Erleichterung in ihrer täglichen Arbeit geschaffen zu haben. Wir wünschen allen einen erfolgreichen Einsatz.

Das Autorenteam

Inhaltsverzeichnis

Lernfeld 1:	**Güter annehmen und kontrollieren**	**7**
Arbeitsblatt 1:	Warenannahme	7
Arbeitsblatt 2:	Einweg-/Mehrwegtransportbehälter	11
Arbeitsblatt 3:	Warenprüfung	13
Arbeitsblatt 4:	Unfallverhütung	15
Praktische Übung 1:	Waren annehmen	17
Praktische Übung 2:	Waren prüfen	21
Praktische Übung 3:	Sich bei Unfällen richtig verhalten	24
Lernfeld 2:	**Güter lagern**	**27**
Arbeitsblatt 1:	Aufgaben des Lagers	27
Arbeitsblatt 2:	Lagerarten	28
Arbeitsblatt 3:	Das Lagergeschäft	30
Arbeitsblatt 4:	Lagertechnik – Bodenlagerung	35
Arbeitsblatt 5:	Regale – Fachbodenregale	36
Arbeitsblatt 6:	Regale – Palettenregale	38
Arbeitsblatt 7:	Regale – Durchlaufregale	40
Arbeitsblatt 8:	Regale – Kragarmregale	41
Arbeitsblatt 9:	Verschieberegale	42
Arbeitsblatt 10:	Regale – Umlaufregale	46
Arbeitsblatt 11:	Turmregal und automatisches Behälterregal	46
Arbeitsblatt 12:	Einschubregal	48
Arbeitsblatt 13:	Regale – Hochregallager	50
Arbeitsblatt 14:	Voraussetzungen für eine ordnungsgemäße Lagerung	52
Arbeitsblatt 15:	Den Ausbildungsbetrieb präsentieren	54
Arbeitsblatt 16:	Gesetze und Verordnungen zum Arbeitsschutz und Unfallschutz	55
Arbeitsblatt 17:	Gefahrstoffverordnung	57
Arbeitsblatt 18:	Brandgefahr	59
Arbeitsblatt 19:	Diebstahlgefahr	61
Praktische Übung:	Zwischen Eigen- und Fremdlagerung unterscheiden	62
Lernfeld 3:	**Güter bearbeiten**	**65**
Arbeitsblatt 1:	Arbeitsmittel und Güterpflege	65
Arbeitsblatt 2:	Inventur	66
Arbeitsblatt 3:	Lagerkosten	70
Arbeitsblatt 4:	Lagerkennzahlen	72
Praktische Übung 1:	Inventurarbeiten ausführen	75
Praktische Übung 2:	Lagerkennzahlen ermitteln	77
Praktische Übung 3:	Material disponieren	79
Lernfeld 4:	**Güter im Betrieb transportieren**	**82**
Arbeitsblatt 1:	Innerbetriebliche Transportsysteme	82
Arbeitsblatt 2:	Organisation des Arbeitsschutzes	91
Arbeitsblatt 3:	Gesundheitsschutz beim Heben und Tragen	93
Arbeitsblatt 4:	Sicherer Umgang mit Fördermitteln	95
Praktische Übung:	Den Materialfluss planen	99
Lernfeld 5:	**Güter kommissionieren**	**102**
Arbeitsblatt 1:	Grundlagen der Kommissionierung	102
Arbeitsblatt 2:	Kommissioniermethoden	104

Arbeitsblatt 3: Kommissionierzeiten und -leistung ... 106
Arbeitsblatt 4: Kommissionierfehler ... 109
Praktische Übung 1: Einen Kundenauftrag kommissionieren ... 110
Praktische Übung 2: Kommissionierleistungen ermitteln und verbessern ... 111
Praktische Übung 3: Die Lieferbereitschaft prüfen ... 114

Lernfeld 6: Güter verpacken ... 118
Arbeitsblatt 1: Fachbegriffe im Verpackungsbereich ... 118
Arbeitsblatt 2: Funktionen der Verpackung ... 119
Arbeitsblatt 3: Beanspruchungen der Verpackung ... 120
Arbeitsblatt 4: Vorsichtsmarkierungen auf der Verpackung ... 121
Arbeitsblatt 5: Packmittel aus Holz bzw. Pappe ... 122
Arbeitsblatt 6: Packmittel aus Kunststoff bzw. Metall ... 123
Arbeitsblatt 7: Paletten ... 124
Arbeitsblatt 8: Container ... 127
Arbeitsblatt 9: Packhilfsmittel ... 128
Arbeitsblatt 10: Verpackungen für gefährliche Stoffe/Güter ... 129
Arbeitsblatt 11: Tätigkeiten beim Verpacken ... 130
Arbeitsblatt 12: Kosten der Verpackung ... 132
Arbeitsblatt 13: Vermeidung und Entsorgung von Verpackungen ... 133
Arbeitsblatt 14: Zusammenfassender Test zum Lernfeld „Güter verpacken“ in Rätselform ... 136
Praktische Übung 1: Güter sicher und wirtschaftlich verpacken ... 137
Praktische Übung 2: Einen Container mit verschiedenen Packstücken beladen ... 139

Lernfeld 7: Touren planen ... 142
Arbeitsblatt 1: Geografisches Grundwissen ... 142
Arbeitsblatt 2: Internationaler Handel, Wirtschaftszentren ... 145
Arbeitsblatt 3: Verkehrswege innerhalb ausgewählter Wirtschaftszentren ... 147
Arbeitsblatt 4: Auswahl der geeigneten Verkehrsmittel ... 148
Arbeitsblatt 5: Vorbereitung einer manuellen Tourenplanung ... 149
Praktische Übung 1: Tour für eine Teileauslieferung planen ... 153
Praktische Übung 2: Eine einfache Auslieferungstour planen ... 156
Praktische Übung 3: Tourenplan mit Beteiligung weiterer Verkehrsträger ... 158
Praktische Übung 4: Eine grenzüberschreitende Tour planen (1) ... 160
Praktische Übung 5: Eine grenzüberschreitende Tour planen (2) ... 161
Praktische Übung 6: Eine internationale Tour planen ... 162

Lernfeld 8: Güter verladen ... 164
Arbeitsblatt 1: Rechtliche und physikalische Grundlagen der Ladungssicherung ... 164
Arbeitsblatt 2: Arten der Ladungssicherung ... 167
Arbeitsblatt 3: Mittel und Verfahren zur Ladungssicherung ... 169
Arbeitsblatt 4: Gefahrgut ... 172
Arbeitsblatt 5: Gefahrgut-Transport ... 173
Praktische Übung 1: Einen Lkw beladen und die Ladung sichern ... 178
Praktische Übung 2: Einen Lkw nach Tourenplan beladen ... 181

Lernfeld 9: Güter versenden ... 183
Arbeitsblatt 1: Der Güterverkehr in der Wirtschaft ... 183
Arbeitsblatt 2: Frachtgeschäft ... 185
Arbeitsblatt 3: Speditionsvertrag ... 188
Arbeitsblatt 4: Grundlagen für den Güterkraftverkehr ... 189
Arbeitsblatt 5: Frachtpost ... 194
Arbeitsblatt 6: Bedeutung der KEP-Dienste ... 196

Arbeitsblatt 7: DB Transport und Logistik ... 200
Arbeitsblatt 8: Wagenladungsverkehr ... 201
Arbeitsblatt 9: Transporte im Schienengüterverkehr vorbereiten ... 203
Arbeitsblatt 10: Ganzzugverkehre ... 205
Arbeitsblatt 11: Kombinierter Verkehr ... 206
Arbeitsblatt 12: Binnenschifffahrt ... 208
Arbeitsblatt 13: Seeschifffahrt ... 211
Arbeitsblatt 14: IATA, Flughäfen, Beförderung ... 212
Arbeitsblatt 15: Zoll, Zollgebiet, Zollarten ... 215
Praktische Übung 1: Einen Frachtbrief für den Güterkraftverkehr ausfüllen ... 216
Praktische Übung 2: Frachtentgelt berechnen ... 218
Praktische Übung 3: Güter per Schiff versenden ... 220
Praktische Übung 4: Einen Luftfrachtbrief ausfüllen ... 223
Praktische Übung 5: Eine Entscheidung für ein Transportmittel treffen ... 225

Lernfeld 10: Logistische Prozesse optimieren ... 227
Arbeitsblatt 1: Logistik ... 227
Arbeitsblatt 2: Optimierung logistischer Prozesse ... 228
Arbeitsblatt 3: A-B-C-Analyse ... 229
Praktische Übung 1: Den optimalen Lagerbestand ermitteln ... 231
Praktische Übung 2: Kosten bei Eigen- und Fremdlagerung analysieren ... 233

Lernfeld 11: Güter beschaffen ... 236
Arbeitsblatt 1: Bedarfsplanung ... 236
Arbeitsblatt 2: Bestellzeitpunkt ... 240
Arbeitsblatt 3: Wareneinkauf ... 242
Praktische Übung: Eine Lieferantenbewertung erstellen ... 244

Bildquellenverzeichnis ... 248

Lernfeld 1: Güter annehmen und kontrollieren

Arbeitsblatt 1: Warenannahme

Bestellte Ware kann auf unterschiedliche Weise angeliefert werden (Lkw, Paketdienste usw.). Der Käufer ist nach dem BGB verpflichtet, gekaufte Ware anzunehmen, und für Kaufleute gilt eine Pflicht zur unverzüglichen Prüfung der Ware.

Situationsaufgabe

Sie arbeiten in einem Großhandelsbetrieb. Die Anlieferung der Waren erfolgt überwiegend per Lkw. Gerade ist wieder ein Lkw vorgefahren.

1. Welche Kontrollen führen Sie in Anwesenheit des Überbringers durch?

2. Welche Kontrollpapiere können vorgelegt werden?

3. Wie gehen Sie vor, wenn Sie feststellen, dass ein Packstück stark beschädigt ist?

4. Nach der Warenannahme in Anwesenheit des Überbringers soll die Ware eingelagert werden.

a) Wer ist grundsätzlich für das Entladen der Ware zuständig?

b) Sie bitten den Frachtführer, Ihnen beim Entladen behilflich zu sein. Dabei beschädigt der Frachtführer einige Packstücke. Geben Sie an, wer für den Schaden haftet. Begründen Sie Ihre Antwort.

c) Wie ist die Rechtslage, wenn der Frachtführer unaufgefordert beim Entladen hilft?

5. Beim zweiseitigen Handelskauf (der Käufer ist auch Kaufmann) ist der Käufer verpflichtet, die Ware unverzüglich zu prüfen.
Die Mängelrüge gegenüber dem Lieferanten hat spätestens zu erfolgen beim

a) offenen Mangel:

b) versteckten Mangel:

Gegenüber dem Frachtführer sind Transportschäden spätestens anzuzeigen, wenn sie

a) sofort erkennbar sind:

b) nicht sofort erkennbar sind:

Die Überschreitung einer vereinbarten Lieferfrist ist anzuzeigen

____

Die Einhaltung dieser Fristen seitens des Käufers ist deshalb wichtig, weil der Käufer andernfalls

____

6. Bei der Emder Elektrogroßhandels-GmbH wird Ware durch den Spediteur Dollart-Logistik angeliefert. Der Fahrer legt den unten abgebildeten Speditions-Übergabeschein vor.

Dollart-Logistik
– Der Logistiker im Norden –
Groninger Staße 117–119
26789 Leer (Ostfriesland)

Speditions-Übergabeschein

Bl. 1 = weiß = Empfänger, Bl. 2 = grün = Quittung,
Bl. 3 = gelb = Spediteur, Bl. 4 = rot = Absender

Sped.-Pos.: 12/4588
Datum: 15.03.20..

Empfänger:
Emder Elektrogroßhandels-GmbH
Dollartstraße 33
26723 Emden

Absender:
Walther und Krämer GmbH
Haushaltsgeräte
Huntestraße 33
28279 Bremen

Lieferschein-Nr.:	Anzahl	Verpackung	Inhalt	Nettogewicht/kg	Lademittelgewicht/kg	Bruttogewicht /kg
6784	4	Gitterbox-Paletten	Elektro-Haushaltsgeräte	308	340	648

Frankatur	Warenwert/€	Nachnahme/€	Gefahrgut	Transportvers./€	frei: X / unfrei:

Gitterbox/Flachpaletten: 4 Stück getauscht; ja ☐ nein ☐

Obige Sendung einwandfrei erhalten Ort/Datum/Firmenstempel u. Unterschrift

Besondere Vermerke

a) Welche Positionen sind bei der Warenannahme für die Überprüfung in Anwesenheit des Fahrers von Bedeutung?

____

b) Was hat es zu bedeuten, dass hinter dem Wort „frei“ ein Kreuz gemacht wurde?

____

7. In vielen Betrieben erfolgt die Erfassung des Wareneingangs mithilfe von Lesegeräten.

a) Mit welchen Lesegräten kann die Erfassung des Wareneingangs erfolgen?

____

b) Beschreiben Sie die Arbeitsschritte, die sich bei einer beleglosen Wareneingangskontrolle ergeben.

____

____

____

____

____

____

____

c) Welche Vorteile ergeben sich, wenn der Wareneingang mithilfe von Lesegräten durchgeführt wird?

____

____

____

____

____

8. Kurz vor Ihrem Feierabend am Freitag trifft ein Lkw mit einer für Ihren Betrieb bestimmten Warenlieferung ein. Wie verhalten Sie sich gegenüber dem Fahrer? ☐

(1) Sie verweigern die Annahme der Ware.
(2) Sie verzichten auf eine Kontrolle und lassen den Fahrer die Ware entladen. (Bei diesem Lieferanten gibt es erfahrungsgemäß keine Probleme.)
(3) Sie weisen dem Fahrer einen Parkplatz zu, auf dem der Lkw bis zur Entladung am Montag abgestellt werden kann.
(4) Sie führen eine ordnungsgemäße Warenannahme durch und bescheinigen dem Fahrer die Anlieferung der Ware, wenn keine Mängel festgestellt wurden.
(5) Sie kontrollieren auf dem Lkw die Anzahl der Kolli, bestätigen den Empfang auf dem Frachtbrief und sagen dem Fahrer, wo die Ware hingestellt werden soll.

9. Was ist zu tun, wenn bei der Warenannahme festgestellt wird, dass weniger Kolli angeliefert wurden als auf dem Lieferschein ausgewiesen? ☐

(1) Annahme der gesamten Lieferung verweigern
(2) Schadenersatz gegenüber dem Lieferanten geltend machen
(3) Angelieferte Ware unverzüglich zurückschicken
(4) Vornahme eines Deckungskaufs
(5) Dem Lieferanten gegenüber den Mangel unverzüglich rügen

10. In welchem Fall handelt es sich nicht um einen Barcode?

a) Strichcode ☐
b) Matrixcode ☐
c) Stapelcode (PDF) ☐
d) Funkcode ☐
e) Stapelcode (2 D) ☐

11. Immer noch werden bei der Warenannahme viele Abgleiche von Daten manuell vorgenommen. Zum Beispiel wird verglichen, ob die Daten des Lieferscheins unserer Bestellung entspricht und ob die Ware mit dem Lieferschein übereinstimmt. Beim Einlagern wird verglichen, ob die Artikelnummer mit der des Lagerplatzes usw. übereinstimmt. Wie könnten durch Einsatz der RFID-Technologie die Prozesse der Informationsverarbeitung vereinfacht werden und welche weiteren Vorteile könnten damit verbunden sein?

Arbeitsblatt 2: Einweg-/Mehrwegtransportbehälter

1. Wenn sich mehrere Versender und mehrere Empfänger verschiedener Branchen an einem Mehrwegsystem beteiligen können, spricht man vom ☐

(1) Pfandsystem
(2) bilateralen Mehrwegsystem
(3) branchenspezifischen Mehrwegsystem
(4) multilateralen Mehrwegsystem
(5) geschlossenen Mehrwegsystem

2. Transportverpackungen können im Rahmen des Pfandsystems mehrfach verwendet werden.

a) Beschreiben Sie den Ablauf bei diesem System.

b) Welche Vorteile bietet dieses System?

3. Es ist auch möglich, dass die MTV gekauft oder gemietet werden.
Welche Möglichkeiten sind bei Warenanlieferung in diesem Fall denkbar?

4. Bei der Überprüfung palletiert angelieferter Waren stellen Sie in Gegenwart des Fahrers fest, dass eine Palette starke Beschädigungen aufweist (siehe Abbildung). Wie ist in diesem Fall zu verfahren?

5. Auch Verpackungen, die grundsätzlich nicht für mehrfache Nutzung gedacht sind (Einwegverpackungen), werden häufig weiter genutzt.

a) Nennen Sie Beispiele für eine sinnvolle Verwendung von Einwegverpackungen.

b) Was geschieht in Ihrem Betrieb mit Einwegverpackungen, die nicht mehr verwendet werden können?

6. Sie erhalten eine Warenlieferung in verschiedenen Behältnissen. Im Wareneingangsbereich stehen:

Anzahl	Lieferbehältnis	Verwertung/Entsorgung
1	Einwegpalette, defekt	
4	Spezialbehälter des Lieferanten	
5	Europaletten	
2	Holzkisten	

Sie sollen die Leergutrückführung bzw. Entsorgung durchführen. Welche Verwertungs- oder Entsorgungsmöglichkeiten sind sinnvoll? (Ordnen Sie folgende Begriffe zu: Tausch, Rückgabe, Wiederverwendung, Entsorgung.)

7. Sie haben eine Warensendung angenommen. Die Waren sind in fünf Gitterboxpaletten verpackt. Das Bruttogewicht der Ware wird im Frachtbrief mit 2,250 t angegeben. Das Eigengewicht einer Gitterboxpalette beträgt 85 kg.

a) Wie hoch ist das Nettogewicht der gesamten Warensendung und pro Gitterboxpalette?

b) Wie nennt man das Verpackungsgewicht (hier: Eigengewicht der Gitterboxpaletten)?

____

Arbeitsblatt 3: Warenprüfung

1. Fatima arbeitet als Fachkraft für Lagerlogistik bei einem Baustoffhändler. Bei der Warenprüfung stellt Fatima fest, dass von der Wandfarbe Premium Weiß nur fünf statt der bestellten zehn Eimer geliefert wurden.

a) Welcher Mangel liegt hier hinsichtlich der Erkennbarkeit vor und welche Rügefrist gilt hierfür?

____

____

b) Welche weiteren Mängelarten lassen sich in Bezug auf die Erkennbarkeit unterscheiden und welche Rügefristen gelten für diese bei einem zweiseitigen Handelskauf?

____

____

____

____

____

c) Welches vorrangiges Recht hat der Baustoffhändler gegenüber dem Lieferanten?

____

____

d) Fatima stellt weitere Mängel bei der Lieferung fest. Entscheiden Sie welche Sachmängel bezüglich des Zustandes der Ware oder bezüglich der Art und Menge vorliegen.

Untersuchungen haben ergeben, dass das Möbelwachs nicht wie vereinbart aus Bienen- und Edelwachsen hergestellt worden ist.	
Es wurden Hartschaumplatten CO25 – 1 265 × 615 mm geliefert, obwohl Hartschaumplatten CO20 – 1 250 × 600 mm bestellt wurden.	
Die angelieferten Bodenfliesen weisen Kratzer auf.	
Statt 10 Wand- und Deckenschleifern wurden 15 geliefert.	

2. Entscheiden Sie jeweils, welches Recht der Käufer in Anspruch nehmen kann und tragen Sie eine konkrete Maßnahme ein.

Beispiel	Vorrangiges Recht	Nachrangiges Recht
Die neue Zählwaage funktioniert nicht.		
Das mobile Datenerfassungsgerät kann nicht so viele Daten speichern wie versprochen. Der Verkäufer lehnt die Nacherfüllung ab.		
Der neue Gabelstapler, der dringend für das Kommissionieren von Aufträgen benötigt wird, funktioniert nicht.		
Die Servicefirma konnte den Gabelstapler nicht reparieren.		
Statt neun Paletten wurden nur acht geliefert.		
Statt Stretchfolie wurde Schrumpffolie geliefert.		

3. Bringen Sie die Schritte beim Lieferungsverzug in die richtige Reihenfolge.

	Der Lieferant A wird gemahnt. Es wird eine angesessene Nachfrist zur Nacherfüllung gesetzt.
	Rückfrage bei den Mitarbeitern der Warenannahme
	Die Schadenhöhe wird ermittelt.
	Nach Ablauf der Nachfrist wurde die Ware noch nicht geliefert. Die benötigte Ware wird bei einem anderen Lieferanten bestellt.
	Dem Lieferant A wird eine Schadenersatzforderung geschickt.
	Anhand der offenen Bestellungen wird festgestellt, dass der Lieferant A die bestellte Ware noch nicht geliefert hat.

Arbeitsblatt 4: Unfallverhütung

1. Unfälle im Betrieb können schlimme Folgen haben. Zählen Sie die Folgen auf für

den betroffenen Mitarbeiter	
das Lager, die Güter und die Lagereinrichtung	
den Betrieb/den Unternehmer	
die Volkswirtschaft/die Umwelt	

2. Nach der Berufsgenossenschaftlichen Vorschrift „Grundsätze der Prävention“ (DGUV-Vorschrift 1) haben Unternehmer und Versicherte (Arbeitnehmer) bestimmte Pflichten.
Zählen Sie die jeweiligen Pflichten auf

a) des Unternehmers:

b) des Arbeitnehmers:

3. Je nach den Gefahren bei der Arbeit hat der Arbeitgeber die persönliche Schutzausrüstung zur Verfügung zu stellen. Überlegen Sie, bei welchen Gefahren die im Buch aufgeführten Schutzausrüstungen sinnvoll sind.

Schutzausrüstung	Gefahren (Beispiele)

4. Ergänzen Sie die folgende Tabelle.

Sicherheitszeichen	Hintergrund	Umrandung	Symbol
Verbotszeichen	weiß		schwarz
	blau	keine	weiß
Warnzeichen	gelb		
	rot	keine	weiß
Rettungszeichen		keine	

5. Sie sind Zeuge eines Arbeitsunfalls. Ein Kollege liegt verletzt am Boden. Er ist bei Bewusstsein. Eine Kollegin holt Hilfe herbei. Was unternehmen Sie in der Zwischenzeit?

6. Beschreiben Sie die vier Schritte, die bei der Herstellung einer stabilen Seitenlage durchzuführen sind.

7. Ihr Vorgesetzter fragt Sie, ob Sie bereit wären, sich zum Ersthelfer ausbilden zu lassen. Beschreiben Sie das Tätigkeitsfeld eines Ersthelfers und erläutern Sie die Regelungen der DGUV-Vorschrift 1 zum Einsatz von Ersthelfern.

Praktische Übung

Übung 1: Waren annehmen

Situation

Sie sind im Autohaus Huber als Fachkraft für Lagerlogistik in der Warenannahme beschäftigt. An diesem Morgen erhalten Sie u. a. eine Lieferung per Lkw der SMS GmbH, Frankfurt/M. Der Fahrer legt einen Speditionsauftrag (siehe Seite 19) vor.

Aufgaben

1. Welche Prüfungen nehmen Sie bei der Warenannahme vor?

____

____

____

____

Beim Abladen stellen Sie einen Transportschaden fest. Auf einer der beiden Europaletten sind in der untersten Reihe vier Schachteln sehr stark eingedrückt. Die Folie, mit der Schachteln und Palette umwickelt wurde, ist aufgeschlitzt. In den Schachteln befindet sich je ein Scheinwerfer (Teilenummer 1402569).

2. Beschreiben Sie, was Sie in dieser Situation zu tun haben.

____

____

____

____

____

3. Füllen Sie die Tatbestandsaufnahme (16.03.20.., 09:15 Uhr) entsprechend aus.
(Das Formular befindet sich auf Seite 20.)

4. Welche Frist müssen Sie (als Empfänger) bei der Anzeige von Transportschäden gegenüber dem Frachtführer (Spediteur) einhalten?

5. Welche Pflichten ergeben sich aus dem Speditionsvertrag (§ 453 ff. HGB) für die Vertragsparteien?

Für den Spediteur	Für den Versender

6. Wie verfahren Sie mit den Europaletten?

7. Warum werden die Europaletten auch „Europoolpaletten" genannt?

1) Versender/Lieferant
SMS GmbH
Otto-Muster-Str. 154
60435 Frankfurt/M.

2)Lieferanten-Nr.
10 020

3) Speditionsauftrags-Nr.

4) Nr. Versender beim Versand-Spediteur:

5) Beladestelle

8) Sendungs-/Ladungs-Bezugsnummer

SPEDITIONSAUFTRAG 01 23 31

11) Empfänger
Autohaus Huber
Landshuter Str. 55
84130 Dingolfing

12) Kunden-Nr.
AH - 112

6) Datum 15. März

7) Relations-Nr.

9) Versandspediteur
ETL (Europäische Transport-Logistik)
Ringstraße 40a
65479 Raunheim

10) Spediteur-Nr.

13) Bordero-/Ladeliste-Nr.

14) Anliefer-/Abladestelle
Abladestelle 99

15) Versendervermerk für den Versandspediteur:

16) Eintreff-Datum

17) Eintreff-Zeit

18) Zeichen und Nr. Lieferschein-Nr.	19) Anzahl	20) Verpackung	21) SF	22) Inhalt	23) Lademittel-gewicht kg	24) Brutto-gewicht kg
00 11 018	2	EUR-FP		Autoteile	56	720

25) Summe 26) Rauminhalt cdm/Lademeter Summen 27) 28)

29) Gefahrgutklassifikation
30) Gefahrgut-Bezeichnung

31) Frankatur
32) Warenwert für SVS/RVS EUR
33) Transportversicherung vom Spediteur zu decken mit EUR
34) Versender-Nachnahme EUR

35) Anlagen

36) Auftrags-Nr.-Kunde
37) Kontierung
38) Transportmittel-Nr.
39) LKW-Code
40) Versandart
41) Abrechnungs-Schl.

42) Empfangsbestätigung des Warenempfängers: obige Sendung vollständig und in ordnungsgemäßem Zustand erhalten.

G. Meier
Firmenstempel/Unterschrift

43) Übernahmebestätigung des Fahrers: obige Sendung vollständig und in ordnungsgemäßem Zustand übernommen.

44) Die Sendung enthält
2 Euro-Flach-Pal. (FP)
Euro-Gitter-Pal. (GP)

davon getauscht
2 Euro-Flach-Pal. (FP)
Euro-Gitter-Pal. (GP)

W. Becker
Datum: 15. März Uhrzeit: 8:15 h Unterschrift

45) Es gelten die Allgemeinen Deutschen Spediteurbedingungen (ADSp).
Gerichtsstand ist der Firmensitz des Spediteurs.

46) **Warenempfänger**

Blatt 5 – grün – Warenempfänger
Blatt 2 – altgold – Warenempfänger
Blatt 3 – rosa – Warenempfänger
Blatt 4 – gelb – Warenempfänger

Blatt 1 – weiß – Warenempfänger
Blatt 2 – altgold – Warenempfänger
Blatt 3 – rosa – Warenempfänger
Blatt 4 – gelb – Warenempfänger

Vordruck entspricht VDA-Empfehlung 4922

Autohaus Huber

Autohaus Huber
Landshuter Str. 55
84130 Dingolfing

Tatbestandsaufnahme

Lieferer:	Referenznummer: Lieferdatum:
Bestell-Nummer:	Bestelldatum:
Transportunternehmen:	Name des Mitarbeiters des Transportunternehmens:
Art der Anlieferung:	Uhrzeit und Datum:
Artikelbezeichnung:	Artikelnummer(n):
Art der Transportverpackung:	Anzahl der Packstücke
Gesamtgewicht der Sendung lt. Transportpapier:	Tatsächliches Gesamtgewicht der Sendung:

Beschreibung des Schadens:

Ursache des Schadens

Unterschrift des Mitarbeiters des Transportunternehmens	Unterschrift des Mitarbeiters im Wareneingang

Anlagen				
	Lieferschein	☐	Rechnung	☐
	Packzettel	☐	Frachtbrief	☐
	Sonst. Begleitpapiere	☐	Speditionsauftrag	☐

Praktische Übung

Übung 2: Waren prüfen

Situation

Sie haben die Aufgabe, als Fachkraft für Lagerlogistik des Autohauses Huber, die angelieferte Ware vor der Einlagerung zu prüfen. Soeben wurde Ihnen von der Warenannahme eine Lieferung der Zubehör & Teile Union, Bielefeld mit entsprechendem Lieferschein ins Lager gestellt. Der Erhalt der ordnungsgemäß angelieferten Ware wurde dem Fahrer auf dem Lieferschein (siehe Seite 22) bestätigt. Da an diesem Tag (Freitag) wegen des Wochenendes sehr viel zu tun ist, kommen Sie erst am Montag dazu, die Ware auszupacken und zu überprüfen. Dabei stellen Sie folgende Abweichungen bzw. Mängel fest:

- Die Position 3 wurde nicht geliefert.
- Bei der Position 5 wurden statt 200 Schrauben nur 20 geliefert.
- Bei der Position 6 wurden 2 Kopfstützen in Blau geliefert, die aber in Grau bestellt worden waren.
- Bei einem der 25 Scheinwerfer (Position 7) ist das Glas zerbrochen.

Aufgaben

1. Tragen Sie die entsprechenden Empfängervermerke auf dem Lieferschein ein.

2. Welche Mängelarten liegen hier vor?

Position	Mangelart
3	
5	
6	
7	

3. Welche Rechte stehen dem Käufer bei Schlechtlieferung zu und welche Rechte werden Sie gegenüber dem Lieferanten in Anspruch nehmen?

____

____

____

____

____

4. War es in Ordnung, dass die am Freitag angelieferte Ware erst montags überprüft wurde? (Welche gesetzlichen Rügefristen gibt es und bestehen Unterschiede gegenüber Verbrauchern?)

____

____

____

____

____

____

5. Entwerfen Sie eine Mängelrüge an den Lieferanten und übertragen Sie diese auf den Briefvordruck (siehe Seite 23).

6. Wie ist bis zur Klärung der Angelegenheit mit der beanstandeten Ware zu verfahren?

Zubehör & Teile union

- Lager
- Logistik
- Verpackung

Lieferschein

Seite: 1

Zubehör & Teile Union, Stralsunder Str. 52,33605 Bielefeld

Autohaus Huber
Landshuter Str. 55
84130 Dingolfing

Beleg-Nr.: 00 11018
Kunden-Nr.: AH–112
Tag: 21. März

Bei Zahlung bitte angeben!
Danke

Pos.	Sachnummer	Bezeichnung der Lieferung	Menge	Empfängervermerke Menge (Ist)	+/	Vermerke
1	11 32 145	Radio	5			
2	01 65 482	Träger	2			
3	08 15 431	Schrauben	100			
4	05 64 572	Dichtung	30			
5	12 54 698	Schrauben	200			
6	16 12 894	Kopfstütze	2			
7	90 01 258	Scheinwerfer	25			

Bei Zahlung bis:	Netto €	Mehrwertsteuer %	Mehrwertsteuer €	Rechnungsbetrag €
30. März	**900,89**		**144,14**	**1 045,03**

Zubehör & Teile Union
Handelsregister Bielefeld
Erfüllungsort: Bielefeld

Betriebsstätte:
Stralsunder Str. 52
33605 Bielefeld

Bank:
Volksbank Bielefeld
IBAN: DE41 5109 0001 0003 0781 07

Zahlbar sofort nach Rechnung
Eigentumsvorbehalt der gelieferten Ware bis zur restlosen Bezahlung.

Autohaus Huber

Autohaus Huber • Landshuter Str. 55 • 84130 Dingolfing

Ihr Zeichen, Ihre Nachricht vom	Unser Zeichen, unsere Nachricht vom	Telefon, Name	Datum

Praktische Übung

Übung 3: Sich bei Unfällen richtig verhalten

Situation

Sie sind bei einem Hersteller für Windkraftanlagen im Lager beschäftigt. Ein Kollege wollte beim Kommissionieren aus einem Fachbodenregal eine Schachtel entnehmen, in der sich Metallteile befanden. Da sie in einem höheren Fachboden lag, stellte der Kollege eine Leiter lose an das Regal. Beim Herausziehen drohte dem Kollegen die Schachtel zu entgleiten. Im Bemühen zu verhindern, dass die Teile zu Boden fallen, fing die Leiter an zu schwanken. Schließlich stürzte der Mitarbeiter mitsamt der Schachtel zu Boden. Er schrie auf und klagte über Schmerzen, vor allem im rechten Bein.

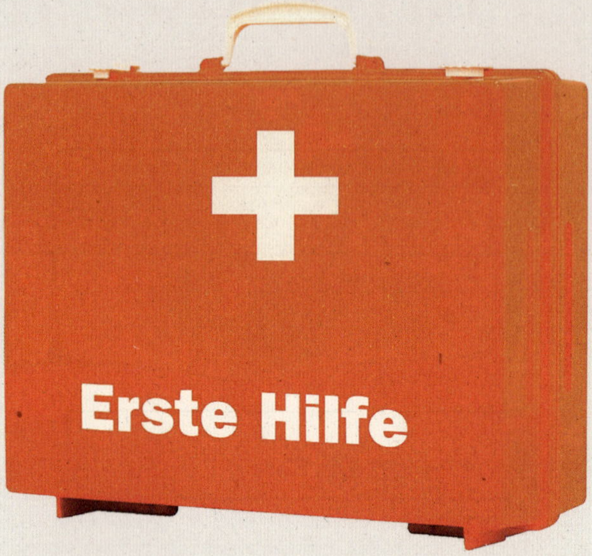

Aufgaben

1. Wie verhalten Sie sich in diesem Fall als in unmittelbarer Nähe stehender Kollege?

2. Wem ist dieser Unfall zu melden und wer muss dies tun? (Sind dabei Fristen zu beachten?)

3. Füllen Sie die Unfallanzeige auf Seite 26 am 12.03.20.. entsprechend aus. Sie erhielten als Augenzeuge zuerst Kenntnis vom Unfall.
Verwenden Sie beim Ausfüllen die unten stehenden Daten.

Berufsgenossenschaft der Feinmechanik und Elektrotechnik Gustav-Heinemann-Ufer 130 50968 Köln	Windkraft GmbH Brookstraße 47 26607 Aurich Unternehmensnr. 26/0412/817
verletzte Person: Johann Janssen, Fachlagerist seit 09/1998, geb. 12.05.1970 wohnhaft: Dachsstraße 27, 26605 Aurich versichert bei der AOK Aurich	Unfallzeitpunkt: 11.03.20.., 10:30 Uhr J. Janssen erlitt einen Bruch des rechten Schienbeins, er wurde von der Notärztin Dr. Barbara Kruse behandelt und ins Krankenhaus Aurich eingewiesen.

4. Was hat der Kollege falsch gemacht bzw. wie hätte er sich verhalten sollen?

5. Finden Sie heraus, ob es Anweisungen für den sicheren Umgang mit Leitern gibt und was darin steht. Erkundigen Sie sich außerdem, ob es in Ihrem Betrieb entsprechende Vorschriften gibt.

6. Wie lauten die richtigen Bezeichnungen für folgende Sicherheitszeichen?

Beschreibung der Zeichen	Bezeichnung
a) rote Umrandung, weißer Hintergrund, schwarzes Symbol	
b) gelber Grund, schwarze Umrandung, schwarzes Symbol	
c) grüner Grund, weißes Zeichen	
d) blauer Grund, weißes Symbol	
e) roter Grund, weißes Zeichen	

7. Welches „W" gehört nicht zu den 5 „Ws" beim Notruf?

(1) Wo ist der Notfall? ☐
(2) Wer hat den Unfall verschuldet? ☐
(3) Was ist geschehen? ☐
(4) Wie viele Verletzte? ☐
(5) Welche Verletzungen? ☐
(6) Warten auf mögliche Rückfragen ☐

UNFALLANZEIGE

1 Name und Anschrift des Unternehmens

2 Unternehmensnummer des Unfallversicherungsträgers

3 Empfänger/-in

4 Name, Vorname der versicherten Person		**5** Geburtsdatum	Tag / Monat / Jahr
6 Straße, Hausnummer	Postleitzahl	Ort	
7 Geschlecht ☐ Männlich ☐ Weiblich	**8** Staatsangehörigkeit	**9** Leiharbeitnehmer/-in ☐ Ja ☐ Nein	
10 Auszubildende/-r ☐ Ja ☐ Nein	**11** Die versicherte Person ist ☐ Unternehmer/-in ☐ Gesellschafter/-in Geschäftsführer/-in	☐ mit der Unternehmerin/dem Unternehmer: ☐ verheiratet ☐ in eingetragener Lebenspartnerschaft lebend ☐ verwandt	
12 Anspruch auf Entgeltfortzahlung besteht für ☐☐ Wochen	**13** Krankenkasse (Name, PLZ, Ort)		
14 Tödlicher Unfall? ☐ Ja ☐ Nein	**15** Unfallzeitpunkt Tag / Monat / Jahr / Stunde / Minute	**16** Unfallort (genaue Orts- und Straßenangabe mit PLZ)	

17 Ausführliche Schilderung des Unfallhergangs (Verlauf, Bezeichnung des Betriebsteils, ggf. Beteiligung von Maschinen, Anlagen, Gefahrstoffen)

Die Angaben beruhen auf der Schilderung ☐ der versicherten Person ☐ anderer Personen

18 Verletzte Körperteile	**19** Art der Verletzung
20 Wer hat von dem Unfall zuerst Kenntnis genommen? (Name, Anschrift)	War diese Person Augenzeugin/Augenzeuge des Unfalls? ☐ Ja ☐ Nein
21 Erstbehandlung: Name und Anschrift der Ärztin/des Arztes oder des Krankenhauses	**22** Beginn und Ende der Arbeitszeit der versicherten Person — Beginn: Stunde / Minute; Ende: Stunde / Minute
23 Zum Unfailzietpunkt beschäftigt/tätig als	**24** Seit wann bei dieser Tätigkeit? Monat / Jahr

25 In welchem Teil des Unternehmens ist die versicherte Person ständig tätig? Lager

26 Hat die versicherte Person die Arbeit eingestellt? ☐ Nein ☐ Sofort Später, am Tag / Monat / Stunde

27 Hat die versicherte Person die Arbeit wieder aufgenommen? ☐ Nein ☐ Ja, am Tag / Monat / Jahr

28 Datum — Unternehmer/-in (Bevollmächtigte/-r) — Betriebsrat (Personalrat) — Telefon-Nr. für Rückfragen

U 1000 0717 Unfallanzeige

Muster einer Unfallanzeige.
Quelle: DGUV: Formtexte - Unfallanzeige. In: www.dguv.de/formtexte/index.jsp [23.03.2018].
Unter der angegebenen Internetadresse kann der aktuellste Formtext heruntergeladen werden.

Lernfeld 2: Güter lagern

Arbeitsblatt 1: Aufgaben des Lagers

1. Vervollständigen Sie die Übersicht zu den Aufgaben der Lagerhaltung und finden Sie je zwei Anwendungsbeispiele.

Aufgaben der Lagerhaltung	Beschreibung	Beispiele
Sicherungsaufgabe	Sicherung bei Engpässen, die durch Lieferverzögerungen oder erhöhte Nachfrage verursacht werden	______
______	Herstellungs- und Verwendungszeitpunkt fallen auseinander.	______
Spekulationsaufgabe	______	______
Umformungsaufgabe	______	______

Aufgaben der Lagerhaltung	Beschreibung	Beispiele
____________________ ____________________ ____________________	Einige Güter erhalten erst durch die Lagerung ihre volle Qualität.	____________________ ____________________ ____________________

2. Welche Aufgaben erfüllt die Lagerhaltung in den folgenden Beispielen?

Beispiele	Aufgaben
Bananen werden im Lagerraum eines Frachtschiffes von Algier nach Hamburg befördert.	____________________ ____________________
Der Getreidegroßhändler kauft im Sommer erntefrisches Getreide von den Landwirten seiner Region auf.	____________________ ____________________
Käse wird in Scheiben geschnitten und in 200-g-Packungen verpackt.	____________________ ____________________
Im Zentrallager der Supermarktkette wird bereits ab September ein Vorrat an Süßigkeiten für das Weihnachtsfest angelegt.	____________________ ____________________

3. Es sollen drei Sorten Tee zu insgesamt 100 kg gemischt werden. Das Mischungsverhältnis beträgt:

Teesorte A 2 Anteile ____________________

Teesorte B 14 Anteile ____________________

Teesorte C 4 Anteile ____________________

Wie viel Kilogramm benötigen Sie für die Teesorten A, B und C? ____________________

____

Arbeitsblatt 2: Lagerarten

1. Ordnen Sie mithilfe des Lehrbuches die folgenden Lagerarten den Betriebsarten Industriebetrieb, Großhandel und Einzelhandel in der folgenden Übersicht zu:
Kommissionslager, Erzeugnislager, Rohstofflager, Auslieferungslager, Reservelager, Hilfsstofflager, Betriebsstofflager, Verkaufslager, Zwischenlager, Ersatzteillager, stofforientiertes Lager, verbrauchsorientiertes Lager, Packmittellager

Lager im Industriebetrieb	
Lager im Großhandel	
Lager im Einzelhandel	

2. Für welche Stoffe aus dem Produktionsprozess treffen die folgenden Beschreibungen zu? Kennzeichnen Sie die entsprechenden Aussagen mit

R (Rohstoff) H (Hilfsstoff) B (Betriebsstoff)

a) Stoff, der benötigt wird, um Maschinen, Geräte oder technische Anlagen zu warten oder anzutreiben, z. B. Schmierstoffe, Diesel, Benzin. ☐
b) Stoff, der zur Verfeinerung bzw. Veredlung von Produkten dient, oder Stoff, der zum Zusammenfügen von zwei oder mehreren Teilen benötigt wird, z. B. Schrauben, Nägel, Aromastoffe. ☐
c) Es ist ein Ausgangsstoff für die Herstellung von Gütern, z. B. Baumwolle, Erze. ☐

3. Nach dem **Lagerstandort** unterscheidet man zwischen zentralen Lagern, dezentralen Lagern und Handlagern. Für welche Lager treffen die folgenden Aussagen zu? Kennzeichnen Sie die Aussagen mit

Z (Zentrallager) D (dezentrales Lager) H (Handlager)

a) Lager, das nur einen einzelnen Produktionsbereich des Betriebes mit Rohstoffen versorgt. ☐
b) Die notwendigen Materialvorräte des gesamten Betriebes können niedrig gehalten werden. ☐
c) Mehrere Filialen eines Handelsunternehmens werden von einem Lager aus beliefert. ☐
d) Der Materialverbrauch ist in diesem Lager relativ schwer zu kontrollieren. ☐
e) Bei der Bedarfsermittlung kann neue Ware direkt beim Lieferanten bestellt werden. ☐
f) Diese Lagerung ist meist mit einer Verlängerung der Transportwege und Zwischenlagerung verbunden. ☐
g) Größere Einkaufsmengen ermöglichen eine Senkung der Beschaffungskosten (Rabatte, Lieferung frei Haus ab einer bestimmten Mindestabnahme). ☐
h) Das Lager für Kleinteile befindet sich direkt am Arbeitsplatz. ☐
i) Die Abstimmung zwischen Lager und Produktion ist meist einfach zu ermöglichen. ☐
j) Der Gesamtbedarf eines Betriebes ist besser feststellbar. ☐

4. In einem Fertigungsbetrieb befinden sich am jeweiligen Arbeitsplatz Lager für Kleinteile wie Schrauben, Dichtungen, Nieten usw. Wie wird diese Lagerart bezeichnet? ☐

a) Betriebsstofflager
b) Erzeugnislager
c) Werkstattlager
d) Zentrallager
e) Zwischenlager
f) Handlager

5. Das zentrale Rohstofflager eines Industriebetriebes mit mehreren Produktionsstufen wird künftig dezentral geführt. Welcher Vorteil ergibt sich aus dieser Umorganisation? ☐

a) Die Lagerkapazität für Rohstoffe wird verringert.
b) Die vorhandenen Lagereinrichtungen können besser ausgelastet werden.
c) Die Gesamtübersicht über die Lagerbestände des Betriebes wird verbessert.
d) Die Beförderungswege für Rohstoffe zur jeweiligen Produktionsstätte verkürzen sich.
e) Die Kosten für gebundenes Kapital werden im Rohstofflager reduziert.

6. Nach der **Lagergestaltung** unterscheidet man u. a. Silolager, Tanklager, Freilager, halboffene Lager, geschlossene Lager. Beschreiben Sie diese in Kurzform. Geben Sie jeweils zwei Beispiele für geeignetes Lagergut in diesen Lagern an.

Lagerart	Kurzbeschreibung	Lagergut
Silolager		
Freilager		
Halboffenes Lager		
Geschlossenes Lager		

Arbeitsblatt 3: Das Lagergeschäft

1. In welcher Situation ist es für einen Betrieb sinnvoll, Güter bei einem gewerblichen Lagerhalter einzulagern?

a) Der Betrieb, der bisher Eigenlagerung betrieben hat, erwartet zukünftig keine Absatzschwankungen. ☐
b) Es soll von der dezentralen zur zentralen Lagerhaltung umgestellt werden.
c) Die Betriebsleitung sucht eine Lagerform, bei der die Lagermiete nur für die Dauer der Einlagerung anfällt.
d) Das Warensortiment des Betriebes soll erweitert werden. Dabei wird die Warenpflege über eigenes Personal erfolgen.
e) Die Kunden möchten die Ware vor Ort sehen.

2. Was ist der wesentliche Inhalt eines Lagervertrages? Wer sind die Vertragspartner?

Auftraggeber	Inhalt	Auftragnehmer

3. a) Erklären Sie den Begriff „Outsourcing“.

b) Nennen Sie die Vorteile, die ein Unternehmen hat, wenn es seine Güter bei einem fremden Logistikdienstleister einlagert.

4. Stellen Sie Rechte und Pflichten des **Lagerhalters** gegenüber. Nutzen Sie dazu den Lehrbuchtext „Unterscheidung nach dem Eigentümer“ im Lernfeld 2.

Pflichten des Lagerhalters	Rechte des Lagerhalters

5. „Der Lagerschein ist ein Warenwertpapier." Begründen Sie diese Aussage.

6. Im § 475c HGB finden wir wesentliche Aussagen zum Lagerschein:

(1) Über die Verpflichtung zur Auslieferung des Gutes kann von dem Lagerhalter, nachdem er das Gut erhalten hat, ein Lagerschein ausgestellt werden, der die folgenden Angaben enthalten soll:

a) Ort und Tag der Ausstellung des Lagerscheins;
b) Name und Anschrift des Einlagerers;
c) Name und Anschrift des Lagerhalters;
d) Ort und Tag der Einlagerung;
e) die übliche Bezeichnung der Art des Gutes und die Art der Verpackung, bei gefährlichen Gütern ihre nach den Gefahrgutvorschriften vorgesehene, sonst ihre allgemein anerkannte Bezeichnung;
f) Anzahl, Zeichen und Nummer der Packstücke;
g) Rohgewicht oder die anders angegebene Menge des Gutes;
h) im Falle der Sammelladung einen Vermerk hierüber.

(2) In den Lagerschein können weitere Angaben eingetragen werden, die der Lagerhalter für zweckmäßig hält.

(3) Der Lagerschein ist vom Lagerhalter zu unterzeichnen. Eine Nachbildung der eigenhändigen Unterschrift durch Druck oder Stempel genügt.

Der abgebildete Orderlagerschein ist bereits ausgefüllt. Kennzeichnen Sie die Angaben unter (1) auf diesem mit den Buchstaben a–h sowie die Aussagen von Absatz (2) mit 2 und Absatz (3) mit 3.

J. Hafner

(GmbH & Co.)
20457 Hamburg
Am Sandtorkai 48 · Telefon: 37 48 60-0 · Telefax: 37 48 60-26

Orderlagerschein
Warrant

Lagerschein Nr. HDC 4410
(zugleich Nr. der Lagerscheinkartei)
Warrant Number
Warrant Index Number

Lagerbuch Fol. 18.684/1
Stock Book reference

Wir lagerten ein für
We warehoused for

Herr / Firma Import GmbH, Am Sandtorkai 44, 20457 Hamburg oder Order
or order

auf unserem Lager Hamburg, Warehouse E, Dessauer Ufer am 11. Januar ..
in our warehouse on

Marke und Nummer Marks and Numbers	Zahl u. Art der Packstücke Quantity and Description of packages	Inhalt Contents	Rohgewicht oder Maß Grossweight
M A P	168 Bags	Nigerian Cocoa Beans	10 290 kos.
		(onehundredsixtyeight bags)	Tare 290 kos. for 10 bags
		ex S/S "CECILE MAERSK/LAUST MAERSK" arrived 04.01...	

Inhalt und Gewicht sind angegeben von ---
Contents and weight have been given to us by

Wir verpflichten uns, das Gut nur gegen Rückgabe dieses Lagerscheins nach Maßgabe der aus dem Schein ersichtlichen Bedingungen an den Einlagerer oder dessen Order auszuliefern. Bei Teilauslieferungen ist der Lagerschein zwecks Abschreibung vorzulegen.

We guarantee to deliver the goods only against return of this warrant in accordance with the regulations visible on the warrant to the firm mentioned or their order. For part deliveries the warrant is to be presented for writing-off.

Wir sind zur Vornahme von Erhaltungs- oder Pflegearbeiten am Gut nicht verpflichtet. Das Gut ist von uns nicht gegen Feuer versichert.
Wir haften gemäß § 12 Abs. III der Lagerordnung für keinerlei Feuerschäden.
Die Kosten richten sich nach dem Lagervertrag.

We are not responsible for care and maintenance work on the goods.
The goods are not insured by us against fire. In accordance with paragraph 12 subsection 3 of the warehouse regulations, we are not responsible for fire damage.
The charges are in accordance with the warehousing contract.

Bemerkungen: Rent paid up to and incl.: 10. March..
Remarks:

J. Hafner
(GmbH & Co.)
H. Heyer
(Unterschrift des Lagerleiters)
(Signature)

Hamburg, den 11th January ..
Date

Kontrolliert: ______
Checked by:

Eingetragen: ______
Entered by:

Die Lagerordnung liegt in unserem Büro zur Einsicht aus.

Rechtsverbindlich ist die deutsche Fassung dieses Orderlagerscheines.
In case of disputs the German text of this Warrant is to apply

Kontroll-№

7. Was ist ein Orderlagerschein?

Situationsaufgabe

Sie sind Auszubildender in der Getreidegroßhandlung Karl Müller OHG. Ihr Unternehmen kann zu einem sehr günstigen Preis hochwertigen Weizen von der Agrargenossenschaft „Sommerwind“ aus Sachsen beziehen. Das günstige Angebot ist allerdings an eine Mindestabnahmemenge von 1 000 t gebunden. Da die eigenen Getreidesilos zum Teil bereits belegt sind, müssen 500 t Weizen in einem Fremdlager untergebracht werden.
Nach gründlicher Prüfung verschiedener Angebote entscheidet sich Ihr Unternehmen, das Getreide in der Logistik GmbH Baum einzulagern.

a) Welche Vorteile hat Ihr Unternehmen durch die Einlagerung des Getreides in einem Fremdlager?

____

____

____

____

____

____

b) Welche Pflicht geht Ihr Unternehmen mit Unterzeichnung des Lagervertrages ein?

____

c) Der Weizen Ihres Unternehmens wird zusammen mit dem Weizen eines anderen Einlagerers in einem 600-Tonnen-Silo eingelagert. Welche Voraussetzungen müssen für solch eine Sammellagerung erfüllt sein?
Lesen Sie dazu folgenden Gesetzesauszug aus dem Handelsgesetzbuch:

> **§ 469 Sammellagerung.**
>
> (1) Der Lagerhalter ist berechtigt, vertretbare Sachen mit anderen Sachen gleicher Art und Güte zu vermischen, wenn die beteiligten Einlagerer ausdrücklich einverstanden sind.
>
> (2) Ist der Lagerhalter berechtigt, Gut zu vermischen, so steht vom Zeitpunkt der Einlagerung ab den Eigentümern der eingelagerten Sachen Miteigentum nach Bruchteilen zu.
>
> (3) Der Lagerhalter kann jedem Einlagerer den ihm gebührenden Anteil ausliefern, ohne dass er hierzu der Genehmigung der übrigen Beteiligten bedarf.

____

____

____

____

____

____

____

____

Arbeitsblatt 4: Lagertechnik – Bodenlagerung

Situationsaufgabe

Das Logistikzentrum des Einrichtungshauses Wohnwelten GmbH soll vergrößert werden. Die Auszubildenden Robert und Frank sollen Vorschläge zur Einrichtung einer neuen Lagerhalle machen. Zunächst vergleichen sie verschiedene Möglichkeiten, Ware zu lagern, und die dazugehörigen Lagereinrichtungen.

1. Nennen Sie die Vorteile und Nachteile der Bodenlagerung.

Vorteile der Bodenlagerung	Nachteile der Bodenlagerung

2. Ergänzen Sie die folgenden Sätze.

Bei dieser Lagertechnik ____________ die Güter im unverpackten oder verpackten Zustand auf dem Boden. Diese Lagerart eignet sich besonders für ________ , ________ Güter, aber auch für ____________ .

Durch den Einsatz von Lagerhilfsgeräten wie ________ oder ________ und ____________ werden Flachpaletten mit nicht stapelfähigem Gut ebenfalls ________ .

Die erreichbare **Stapelhöhe** ist abhängig von:

____

____

____

____

____

____

Man unterscheidet zwischen **Block-** und **Reihenstapelung**. Nur bei der ________________ kann direkt das Fifo-Prinzip angewendet werden.

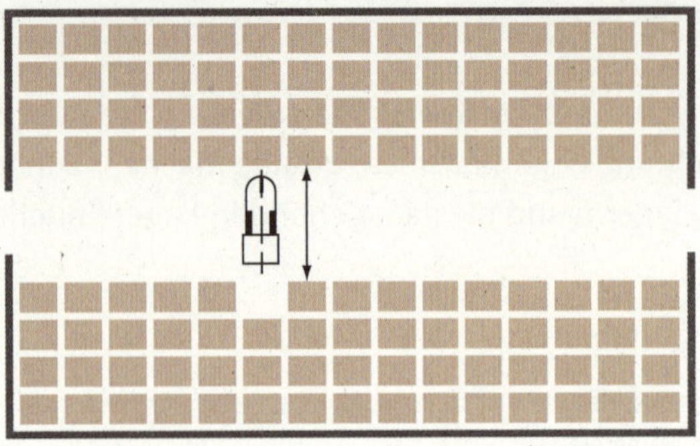

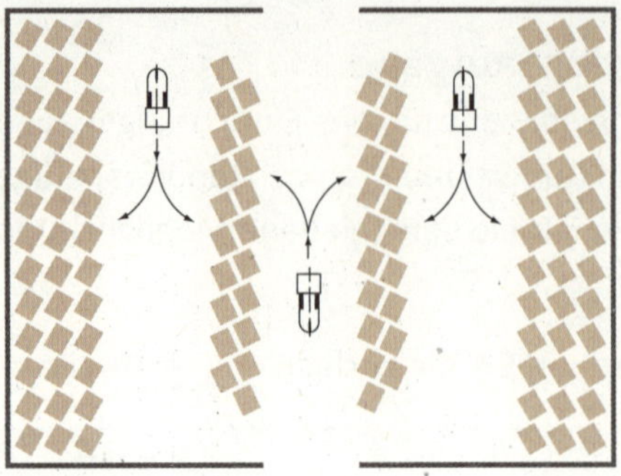

Der Zugriff bei der ________________ erfolgt von ________________ . Der Zugriff bei der ________________ erfolgt von ________________ .

3. In einem Umschlaglager werden 25 Gitterboxpaletten mit Ware für einen Monat eingelagert. Die Außenmaße betragen einschließlich Steilwinkelaufsatz 835 mm × 1 240 mm.

a) Ermitteln Sie den Flächenbedarf (in Quadratmetern) bei Bodenlagerung, wenn maximal vier Euroboxpaletten übereinandergestapelt werden können. Geben Sie Ihr Ergebnis mit zwei Stellen nach dem Komma an.

____

b) Wie hoch sind die Lagerkosten für einen Monat, wenn mit einem Kostensatz von 117,00 €/m² pro Jahr kalkuliert wird?

____

Arbeitsblatt 5: Regale – Fachbodenregale

1. Beschriften Sie das Fachbodenregal, indem Sie die Nummern der entsprechenden Bauteile der Abbildung zuordnen.

Rahmen .... 1 Quertraverse 3
Fachboden........ 2 Kreuzverband 4

2. Ein Fachbodenregal mit den Maßen 2 000 × 1 000 × 400 (Höhe × Breite × Tiefe) besteht in seiner Grundausstattung aus zwei Rahmen und fünf Fachböden.

a) Wie hoch ist die Feldlast, wenn die Fachlast von 115 kg je Fachboden voll ausgenutzt ist?

____

b) Die maximal zulässige Feldlast beträgt 885 kg. Wie viele zusätzliche Fachböden können zwischen den Rahmen montiert werden?

____

____

Abbildung: Fachbodenregal mit fünf Fachböden

c) Wie viele Fachböden werden benötigt, wenn Kleinteile mit einem Gesamtgewicht von 0,75 t eingelagert werden sollen?

____

3. Für welches Lagergut sind Fachbodenregale besonders geeignet?

____

4. Stellen Sie die Vorteile und Nachteile der Lagerung in Fachbodenregalen gegenüber.

Vorteile	Nachteile

Abbildung: Fachbodenregal mit Kombinationsmöglichkeiten

5. Fachbodenregale können durch spezifisches Zubehör in ihrer Funktionsfähigkeit erweitert und verbessert werden.
Ordnen Sie die nummerierten Teile der Abbildung folgenden Begriffen zu.

Nr.	Zubehörteil	Nr.	Zubehörteil	Nr.	Zubehörteil
	Seitenwand		Fachboden		Seitenwand-Gitter
	Gitterkorb		Trennbügel		Traverse für Aufsteckhalterung
	Trenngitter für Gitterkorb		Hängemappenset		Aufsteckhalterung für Langgut
	Stützrahmen		Schüttgutlagerung mit Fachtrennblechen		Fachtrennblech
	Diagonalverband		Pendelhefterset		Reifentraversen

Arbeitsblatt 6: Regale – Palettenregale

1. Beschriften Sie das Palettenregal. Tragen Sie dazu die Nummern der Bauteile in die unten stehende Abbildung ein.

(1) Stützrahmen
(2) Längstraverse
(3) Fachebene mit Spanplatte
(4) Fachebene mit Gitterrostboden
(5) Stahl-Auflegepaneele
(6) Stahl-Einlegesegment
(7) Querteiler für Stahl-Einlegesegment
(8) Quertraverse
(9) Tiefenauflage
(10) Tiefenauflage mit Holzbalken
(11) Lastverteiler
(12) Gitter für hintere Herabfallsicherung
(13) Durchschubsicherung
(14) seitliche Herabfallsicherung
(15) Anfahrschutz
(16) Stützenschutz

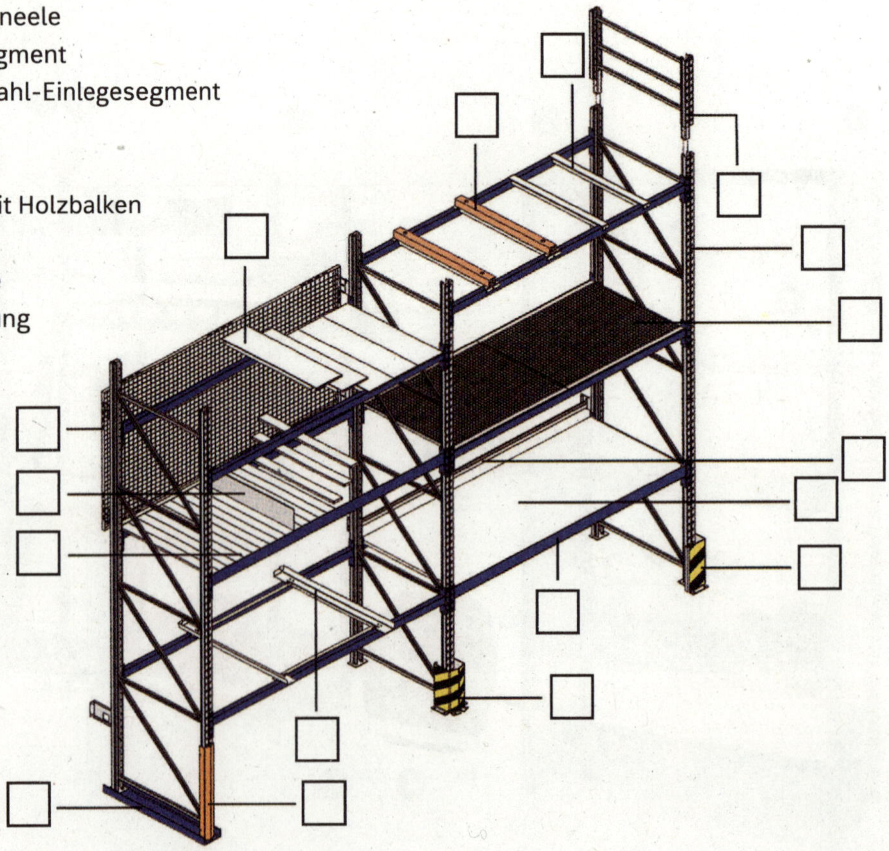

Abbildung: Palettenregal

2. Vergleichen Sie Vor- und Nachteile von Palettenregalen.

Vorteile	Nachteile
______________________	______________________
______________________	______________________
______________________	______________________
______________________	______________________
______________________	______________________
______________________	______________________
______________________	______________________
______________________	______________________
______________________	______________________
______________________	______________________
______________________	______________________

3. Entsprechend der Regalanordnung im Lager unterscheidet man Einfahrregale und Durchfahrregale. Vervollständigen Sie die folgenden Sätze.

Einfahrregale haben pro Stichgang ______________________, in die der Stapler hineinfährt und die Palette ________ bzw. ______________________. Dabei gilt das _____ -Prinzip. _____ = _____ in _____ out. Das bedeutet, dass die ________ eingelagerte Palette auch zwangsweise ________ ausgelagert wird.

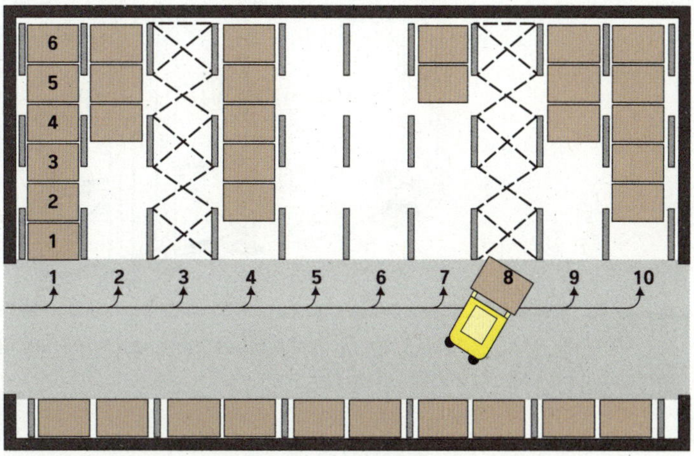

Abbildung: Einfahrregal mit zwei Gängen

______________________ haben ______________________, sodass von ______________________ in das Regal eingefahren werden kann. Damit ist auch das _____ -Prinzip möglich. _____ = _____ in – _____ out. Das bedeutet, dass die ______________________ Palette auch ________ ausgelagert werden kann.

4. Die Berufsgenossenschaft fordert in der DGUV Regel 108-007 (ehemals BG-Regel 234) bestimmte **Sicherheitseinrichtungen für Regale**.

Aufgabe: Ordnen Sie die entsprechenden Sicherheitsbestimmungen der DGUV Regel 108-007 (ehemals BG-Regel 234) den in der Abbildung markierten Stellen des Palettenregals zu.

- ☐ Für alle Regale sind Tragfähigkeitsschilder vorzusehen.
- ☐ Erhöhungen der Endständer um mindestens 500 mm sind vorgeschrieben.
- ☐ Bei Quereinstapelung müssen die Paletten gegen Durchfallen gesichert sein, z. B. durch Tiefenstege, Tiefenstegrahmen, Spannplatten oder Holzböden.
- ☐ Bei allen Endständen müssen Abweiserecken montiert werden. Dies gilt auch für Durchfahrten.
- ☐ Bei einem Sicherheitsabstand von weniger als 100 mm zwischen den Paletten im Doppelregal sind Durchschiebesicherungen vorzusehen.
- ☐ Regalüberbauten (Durchfahrten) müssen mit einer geschlossenen Decke (Spanplatte, Holzboden) versehen sein. Die lichte Durchgangshöhe muss mindestens 2000 mm betragen.
- ☐ Die nicht für die Be- oder Entladung vorgesehenen Seiten von Regalen müssen gegen Herabfallen von Ladeeinheiten gesichert sein, z. B. durch Maschendrahtabspannung.

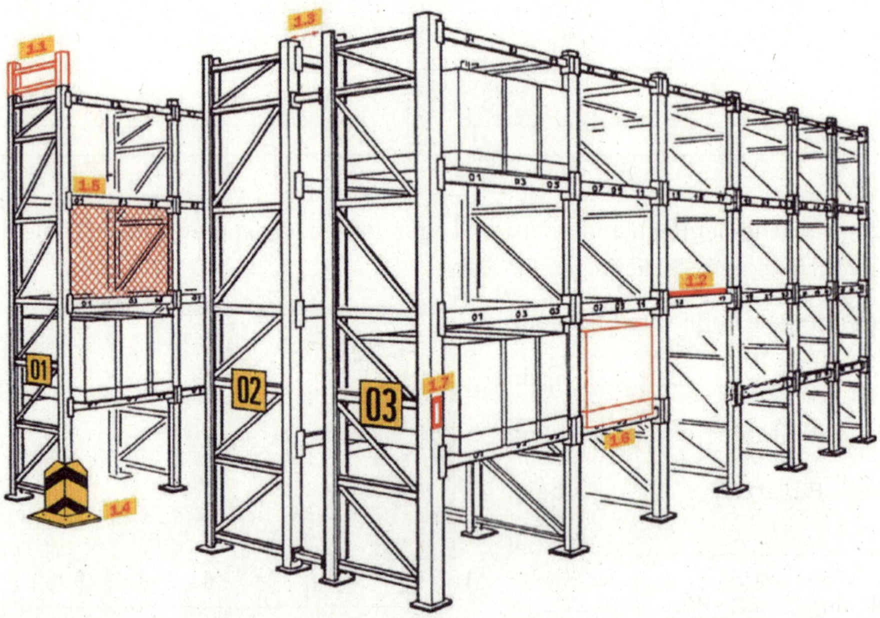

Abbildung: Sicherheitsbestimmungen für Regale nach DGUV Regel 108-007 (ehemals BG-Regel 234)

Arbeitsblatt 7: Regale – Durchlaufregale

1. Vervollständigen Sie folgenden Text mithilfe des Lehrbuchs.

Durchlaufregale sind Regale mit separater _____ und _______________ von hintereinanderliegendem Lagergut, das sich durch _______________ oder mithilfe von Antriebselementen von der ____ zur ________________________ _______________________________ bewegt.

Die Bewegung des Lagergutes erfolgt über:

____________ für schweres Lagergut,

____________________ für ________ und _________________ Lasten,

__________ und _____________ für leicht rutschende Lasten.

2. Beschriften Sie in der unteren Abbildung „Durchlaufregal" die aufgeführten Zonen:
Beschickungszone [1] Pufferzone [2] Kommissionierzone [3]

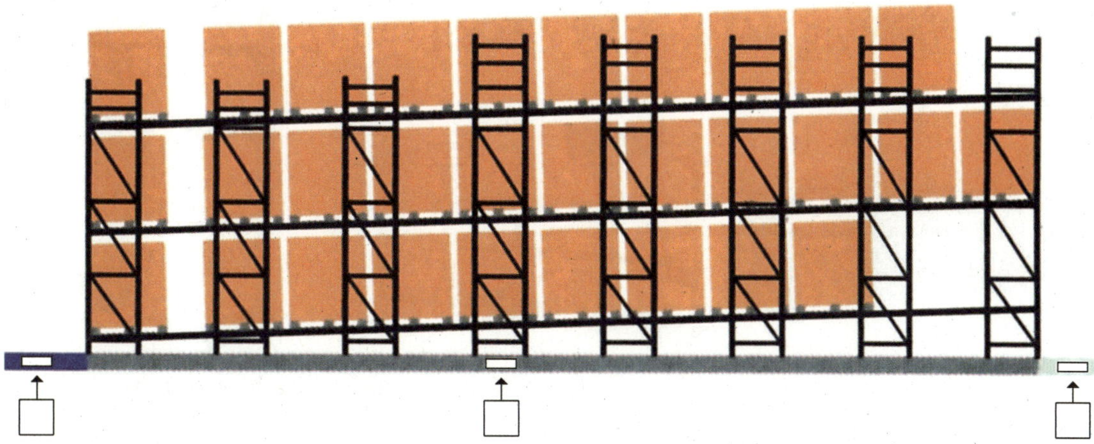

3. Entscheiden Sie, ob die folgenden Aussagen über Durchlaufregale richtig oder falsch sind. Kennzeichnen Sie die richtigen Aussagen mit 1 und die falschen Aussagen mit 2.

a) Durchlaufregale müssen mit Einrichtungen ausgerüstet sein, die ein gefahrloses Einbringen und einen freien Durchlauf der Ladeeinheiten sicherstellen. ☐
b) Störstellen in Durchlaufregalen müssen gefahrlos erreichbar sein, beispielsweise durch mindestens 0,5 m breite, neben den Durchlaufgassen angeordnete Gänge. ☐
c) An den Ein- und Auslagerungszonen müssen Einrichtungen vorhanden sein, die ein unbeabsichtigtes Herunterfallen der Ladeeinheiten verhindern. ☐
d) Das Fifo-Prinzip kann nicht eingehalten werden. ☐
e) Gefahrstellen zwischen durchlaufendem Lagergut und Regalteilen, die von Verkehrswegen erreicht werden können, müssen gesichert sein. ☐
f) Durchlaufregale eignen sich besonders für kleine Mengen je Artikel unterschiedlicher Sortimentsgrößen. ☐
g) Eine artikelreine Bestückung der Kanäle im Durchlaufregal ist nicht sinnvoll. ☐
h) Durchlaufregale eignen sich besonders bei großen Mengen je Artikel und kleiner bis mittlerer Sortimentsgröße, wenn die Fächer artikelrein bestückt werden. ☐

Arbeitsblatt 8: Regale – Kragarmregale

1. Beschriften Sie das abgebildete Kragarmregal, indem Sie die Nummern der entsprechenden Bauteile in die Abbildung eintragen.

1 Ständer, zweiseitig
2 Rohrkragarm
3 Aufhängung für Rohrkragarm
4 Kragarm mit Abrollsicherung
5 Fuß mit Abrollsicherung
6 Diagonalverband
7 Horizontalverbinder
8 Kragarm für Schrägboden

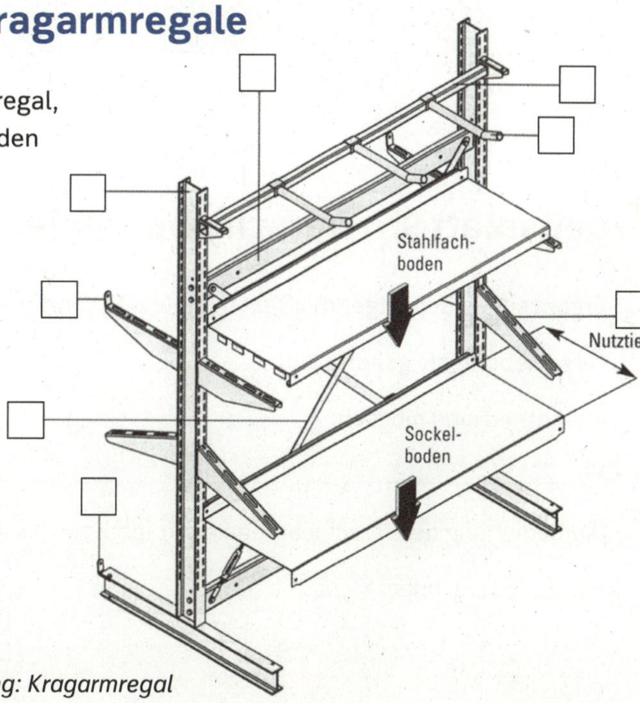

Abbildung: Kragarmregal

2. Kragarmregale können entsprechend ihrem Verwendungszweck unterschiedlich gestaltet sein. Finden Sie für alle drei abgebildeten Gestaltungsformen von Kragarmregalen jeweils drei Beispiele für geeignetes Lagergut.

beidseitiges Kragarmregal

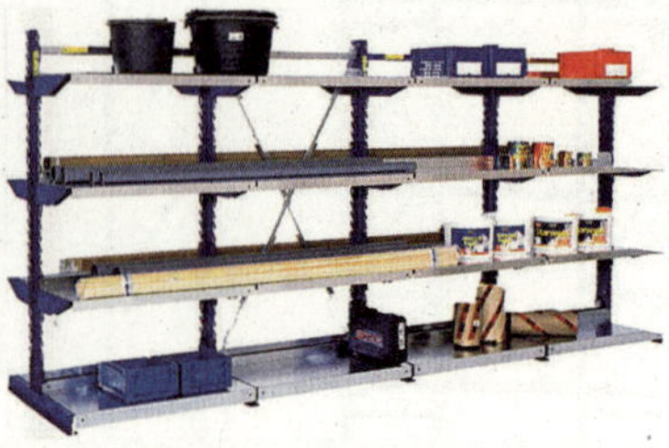

beidseitiges Kragarmregal mit Fachböden

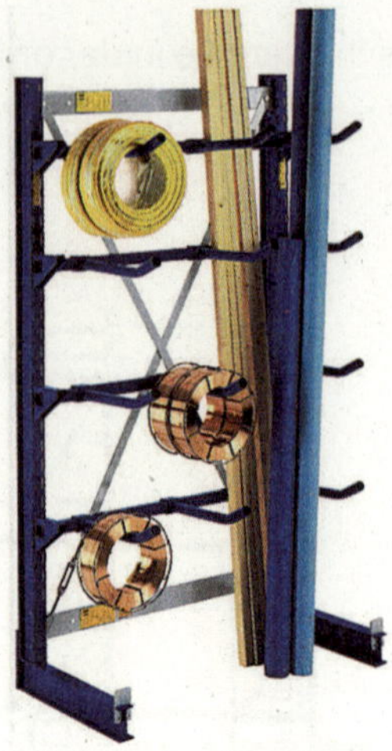

einseitiges Kragarmregal mit Rohrkragarmen und Fachböden

3. Die Berufsgenossenschaft stellt an die Beschaffenheit von Kragarmregalen eine konkrete Anforderung.

a) Wie lautet diese Anforderung?

b) Was bezweckt die Berufsgenossenschaft mit dieser Forderung?

Arbeitsblatt 9: Verschieberegale

1. Ergänzen Sie den folgenden Text mithilfe des Lehrbuches.

Verschieberegale gehören zu ______________________.

Als Antrieb sind möglich:

- ______________________
- ______________________

Die Bedienung der Verschieberegale erfolgt

- __________ oder
- ____ __________.

2. Als Verschieberegale sind geeignet:

____

____

____

3. Stellen Sie Vor- und Nachteile des Verschieberegals einander gegenüber.

Vorteile	Nachteile

4. Begründen Sie, warum Lichtschranken bei Verschieberegalen erforderlich sind.

____

Situationsaufgabe

Sie sind Mitarbeiter/-in der LOGO Lagerausstattung GmbH Dessau. Ihr Unternehmen erstellt dem Einrichtungshaus „Wohnwelten" ein Angebot zur Einrichtung der Zentralregistratur der Kaufhaus-Kette. Sie werden beauftragt, einen Vorschlag zu einer zweckmäßigen Regalausstattung der Zentralregistratur zu erarbeiten. Dazu erhalten Sie folgende Informationen:

4.1. In der Zentralregistratur der Kaufhaus-Kette „Wohnwelten“ fallen täglich 900 Schriftstücke an. Diese werden in Ordnern (32 cm Höhe, 8 cm Dicke) in entsprechenden **Fachbodenregalen** abgelegt. Ein Ordner fasst maximal 600 Blätter. Die Regale dürfen maximal 6 übereinanderliegende Böden haben, sodass auch die oberste Reihe mit ausgestrecktem Arm noch erreichbar ist. Die Regale sollen eine Höhe von 2 m haben. Die Regaltiefe soll 325 mm bei einseitiger Nutzung und 650 mm bei doppelseitiger Nutzung betragen. Die Fachbodenregale sollen 4 m lang und der Gang zwischen den Regalen 750 mm breit sein. Sie verschaffen sich zunächst einen Überblick über die Anzahl der benötigten Fachbodenregale und den Flächenbedarf. Dazu stellen Sie folgende Überlegungen an:

a) Wie viele Ordner werden für die Ablage der Schriftstücke in einem Jahr benötigt, wenn 260 Arbeitstage pro Jahr zugrunde gelegt werden?

b) Wie viel lfd. Meter Stellplatz beanspruchen diese Ordner bei einer durchschnittlichen Aufbewahrungsfrist von 10 Jahren?

c) Wie viele Fachbodenregale werden für die Ablage des Schriftgutes in einem Zeitraum von 10 Jahren benötigt? (Zwischenwände der Regale bleiben unberücksichtigt.)

d) Wie viel Lagerfläche benötigt die Kaufhaus-Kette zur Aufbewahrung der Schriftstücke in Stehordnern in o.g. Fachbodenregalen in 10 Jahren?

4.2. Sie erklären dem Vertreter der Kaufhaus-Kette, dass die Aufbewahrung der Ordner in **Verschieberegalen** wesentlich platzsparender ist als in feststehenden Fachbodenregalen, und nennen ihm die **Vorteile** von Verschieberegalen:

Verschieberegale

4.3. Außerdem weisen Sie den Vertreter darauf hin, dass kraftbetriebene verfahrbare Regale mit Schutzeinrichtungen zur Vermeidung von Unfällen ausgerüstet sein müssen. Diese gibt es in Form von:

____

____

____

____

____

4.4. Fertigen Sie zu dem oben genannten Sachverhalt zwei Skizzen an, um dem Kunden die optimale Raumnutzung durch die Verwendung von Verschieberegalen zu verdeutlichen.

a) Skizze: feststehende Fachbodenregale

b) Skizze: Verschieberegale

c) Errechnen Sie den Flächenvorteil bei der Aufbewahrung des Schriftgutes in Verschieberegalen innerhalb von 10 Jahren in Prozent. Die Maße des Verschieberegals entsprechen den oben genannten Maßen des Fachbodenregals.

Arbeitsblatt 10: Regale – Umlaufregale

1. Umlaufregale zählen zu beweglichen Regalanlagen. Unterscheiden Sie die drei Formen von Umlaufregalen.

2. Nennen Sie die Vorteile von Umlaufregalen.

3. Welche Aussagen über **Umlaufregale** sind richtig? Kennzeichnen Sie die richtigen Aussagen mit 1 und die falschen Aussagen mit 2.

a) Der Mitarbeiter ist bei der Kommissionierung an einen festen Arbeitsplatz gebunden. ☐
b) Der Mitarbeiter bewegt sich zur Kommissionierung ans Lagerfach. ☐
c) Umlaufregale zählen zu den beweglichen Regalanlagen. ☐
d) Umlaufregale sind als Fachbodenregale, aber nicht als Palettenregale einsetzbar. ☐
e) Bei Umlaufregalen erfolgt die Einlagerung und Entnahme der Ware von derselben Stelle. ☐
f) Beim Kommissionieren gilt das Mann-zur-Ware-Prinzip (die statische Bereitstellung). ☐
g) Für die Lagerung von Ballenware, wie beispielsweise Teppichböden, werden im Einzelhandel vielfach Paternosterregale genutzt. ☐
h) Eine freie Lagerplatzzuordnung ist nicht möglich. ☐
i) Die Warenkommissionierung wird durch einen zyklischen Umlauf des Regals beschleunigt. ☐

Arbeitsblatt 11: Turmregal und automatisches Behälterregal

1. Erklären Sie kurz Aufbau und Funktion des **Turmregals**.

2. Nennen Sie Vorteile des Turmregals.

3. Nennen Sie ein wesentliches Unterscheidungsmerkmal bei der Warenauslagerung zwischen Paternosterregal und Turmregal.

4. Ergänzen Sie die Aussagen über das **automatische Behälterregal**.

Dieses Regal gehört zu dem AKL-System. AKL heißt ______________________.

Die Lagerung der Güter erfolgt in ______________________________________

______________.

Die Ein- und Auslagerung übernehmen ______________________.

Für die Einhaltung des ______________ sorgt der Computer. Er sucht bei der Auslagerung automatisch den Behälter, in dem sich das bereits ______________________ Gut befindet.

5. Ordnen Sie die nummerierten Teile der Abbildung den Bestandteilen des AKL zu.

Nummer	Bauteil
	Tiefenauflage
	Stützrahmen
	Schutzgitter
	Längsriegel
	Verkleidung
	Kunststoffbehälter

Arbeitsblatt 12: Einschubregal

1. Beschreiben Sie kurz Aufbau und Funktion des Einschubregals.

____

____

____

____

____

____

2. Vergleichen Sie die Ein- und Auslagerung von Gütern im Durchlaufregal und Einschubregal nach den folgenden Kriterien.

Regal: Durchlaufregal	Regal: Einschubregal

Beschickung und Entnahme ______________________	Beschickung und Entnahme ______________________
Einlagerungsgrundsatz: _____ -Prinzip	Einlagerungsgrundsatz: _____ -Prinzip
Flächennutzungsgrad: __________	Flächennutzungsgrad: __________
Füllgrad: __________	Füllgrad: __________
geeignet zur Lagerung: ______________________	geeignet zur Lagerung: ______________________
mechanisierbar und automatisierbar: ___	mechanisierbar und automatisierbar: ___

3. Nennen Sie fünf Nachteile von Einschubregalen.

Arbeitsblatt 13: Regale – Hochregallager

Großunternehmen lagern ihre Güter vorwiegend in Hochregallagern. Dabei sind vor allem Zentrallager großer Handelsunternehmen wirtschaftlich bedeutsam. Man findet sie häufig an verkehrstechnisch gut erschlossenen Stellen, beispielweise an Bundesautobahnen bzw. Autobahnkreuzen.

1. Stellen Sie Vorteile und Nachteile von Zentrallagern einander gegenüber.

Vorteile	Nachteile

2. Ab welcher Bauhöhe spricht man bei Regallagern von Hochregalen?

3. Nennen Sie drei Unternehmen in Ihrer näheren Umgebung, die Hochregallager unterhalten.

4. Hochregale können auf unterschiedliche Weise gebaut werden. Man unterscheidet zwischen Einbauhochregalen und der gebäudetragenden Silobauweise. Erklären Sie kurz beide Möglichkeiten.

Einbauhochregale	Silobauweise

5. Wie bezeichnet man den zentralen Punkt zur Kontrolle von Abmessungen und Gewichten sowie zur Datenerfassung der eingehenden Packstücke vor der Einlagerung in ein automatisch betriebenes Hochregallager? ☐

a) Kontrollpunkt
b) Einlagerungspunkt
c) Kommissionierpunkt
d) Identifikationspunkt
e) Sperrzone
f) Prüfzone

6. Was verstehen Sie unter „Regalgasse“? Wovon ist die Breite dieser Gassen abhängig?

7. Wann kann man auf kurvengängige Regalförderzeuge verzichten?

8. Vergleichen Sie die Vorteile und Nachteile der Lagerung in Hochregalen.

Vorteile	Nachteile

9. Was versteht man unter einem DOPPELSPIEL? Finden Sie die richtige Antwort. ☐

a) Das Regalbediengerät nimmt zwei Packstücke auf einmal auf.
b) Zwei Personen bedienen das Regalförderzeug gleichzeitig.
c) Das Regalbediengerät lagert mit einem Arbeitsgang eine Ladeeinheit ein und auf dem Rückweg eine andere Ladeeinheit aus.
d) In einem Lagerfach sind zwei Ladeeinheiten nebeneinander gelagert.
e) Das Regalförderzeug bedient zwei Regalgassen.

10. In einem Hochregallager wird Ware nach dem chaotischen Lagerprinzip gelagert. Wodurch ist eine solche Lagerhaltung gekennzeichnet? ☐

a) Das Lager ist unordentlich und schmutzig.
b) Das Lager ist in unterschiedliche Lagerzonen nach Warengruppen aufgeteilt.
c) Für jede Warenart werden feste Stellplätze vergeben.
d) Die Lagerung der Ware erfolgt auf freien Lagerplätzen und die Speicherung des Lagerplatzes auf einem Datenträger.
e) Für jede Warenart wird eine Lagerfachkarte geführt. Die Lagerung erfolgt in Regalfächern.
f) Ware, die zuletzt eingelagert wurde, wird zuerst ausgelagert.

Arbeitsblatt 14: Voraussetzungen für eine ordnungsgemäße Lagerung

1. Damit die Aufgaben der Lagerhaltung optimal erfüllt werden können, müssen bestimmte Voraussetzungen beachtet werden. Nennen Sie diese.

__________ __________ __________

2. Sauberkeit ist eine anzustrebende Voraussetzung ordnungsgemäßer Lagerhaltung. Was kann man durch Sauberkeit im Lager nicht direkt erreichen? ☐

a) eine geringere Verletzungs- und Unfallgefahr
b) einen guten Eindruck für Lieferanten, Kunden, Mitarbeiter und Besucher
c) eine längere Haltbarkeit der Lagereinrichtungen, Werkzeuge und Transportmittel
d) weniger Verderb und Ausschuss der Ware
e) eine Verringerung der durchschnittlichen Lagerdauer der gelagerten Ware
f) ein angenehmes Arbeiten am Arbeitsplatz

3. Nennen Sie vier Möglichkeiten, die Übersichtlichkeit im Lager zu verwirklichen.

4. Markieren Sie mit einem Kreuz den nachfolgenden Lagerplatz in die Abbildung.

Lagerplatzkoordinaten	Bedeutung der Koordinaten des Lagerplatzes
03	Regalzeile
01	Längsposition oder Regalfeld
04	Höhenposition oder Regalebene

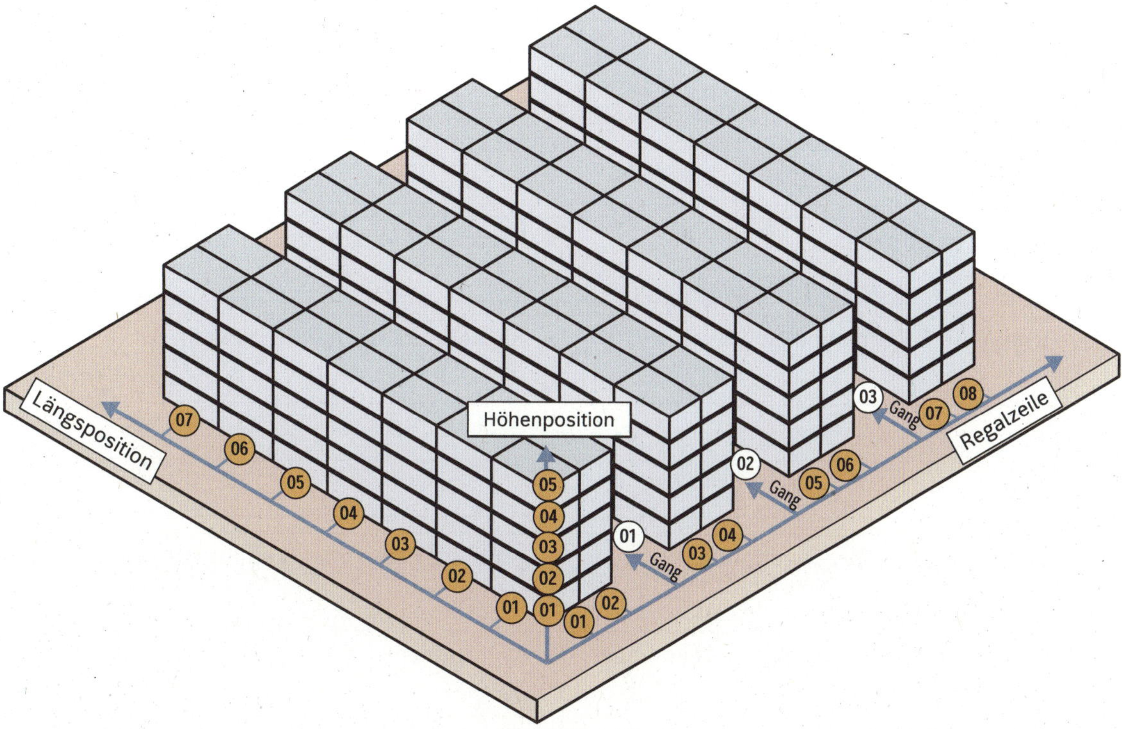

5. Ihnen liegt die abgebildete Lagerfachkarte vor. Wann ist die Bestellung des Artikels Halogen-Einbauleuchte N2 02 zu veranlassen?

Artikel-Nr.: 172528 Halogen-Einbauleuchte 12 V/W N2 02		Mindestbestand: Meldebestand: Höchstbestand:		40 Stück 140 Stück 300 Stück
Datum	**Lieferant/Empfänger**	**Eingang**	**Ausgang**	**Bestand**
04. Januar	AB			185
09. Januar	Elektro-Streich		20	
11. Januar	Heim OHG, Leipzig		40	
17. Januar	Elektrowerke GmbH Halle	100		
21. Januar	Brunner KG, Wolfen		60	
24. Januar	Lichthaus Halle		30	

a) am 4. Januar
b) am 9. Januar
c) am 11. Januar
d) am 17. Januar
e) am 21. Januar
f) am 24. Januar

Arbeitsblatt 15: Den Ausbildungsbetrieb präsentieren

1. Das fachgerechte Lagern von Gütern erfordert eine bestimmte Organisation im Lager und darauf abgestimmte Lagertechnik. Überlegen Sie, welche lagerlogistischen Möglichkeiten in Ihrem Betrieb angewendet werden. Fassen Sie Ihre Kenntnisse in der folgenden Übersicht zusammen.

Ausbildungsbetrieb	
Standort des Ausbildungslagers:	Art des Lagers nach dem Standort:
Branche:	Art des Lagers nach der Betriebsart:
Aufgaben der Lagerhaltung:	Art des Lagers nach der Bauweise:
Anzahl der Lagerhallen:	Anzahl der Mitarbeiter im Lager:
angewendete Lagertechniken:	verfügbare Lagereinrichtungen:
Art des Lagergutes/der Lagergüter:	genutzte Packmittel (Ladungsträger):
Fördermittel für den Gütertransport im Lager:	Lagerprinzip:
Lagerzonen:	Lagerplatznummersystem:

2. Welche konkreten Anforderungen stellt die DGUV Regel 108-007 (ehemals BG-Regel 234) an die Breite von Verkehrswegen im Lager?

3. Zeichnen Sie einen Lagerplan vom Lager Ihres Ausbildungsbetriebes. Berücksichtigen Sie die Flächen der eigentlichen Lagerung in Regalen oder auf dem Boden sowie Arbeitsflächen und Transportwege. Tragen Sie Tore und Türen ein und bemaßen Sie den Grundriss. Halten Sie das Größenverhältnis zwischen Gang- und Stellfläche ein.

4. Stellen Sie Ihren Ausbildungsbetrieb in einer Präsentationsmappe vor, und verdeutlichen Sie dabei die Bedeutung Ihres Betriebes in der Wirtschaftsregion.

Arbeitsblatt 16: Gesetze und Verordnungen zum Arbeitsschutz und Unfallschutz

Um die Unfallgefahren zu verringern und unsere Lebensgrundlagen, die Umwelt, zu schützen, sind Gesetze und Verordnungen notwendig. Aber nur die Kenntnis dieser gesetzlichen Grundlagen führt auch zum Erfolg. Tragen Sie stichwortartig die wesentlichen Inhalte dieser Gesetze und Verordnungen in die entsprechenden Felder ein.

Gesetz bzw. Verordnung	Wesentliche Inhalte
Arbeitsschutzgesetz	
Betriebssicherheitsverordnung	

Gesetz bzw. Verordnung	Wesentliche Inhalte
Bundesimmissionsschutzgesetz	
Geräte- und Produktsicherheitsgesetz	
Arbeitsstättenverordnung	
Gesetz zum Schutz vor gefährlichen Stoffen (Chemikaliengesetz)	
Verordnung zum Schutz vor Gefahrstoffen (Gefahrstoffverordnung)	

Gesetz bzw. Verordnung	Wesentliche Inhalte
Wasserhaushaltsgesetz	
DGUV Vorschriften- und Regelwerk vormals Berufsgenossenschaftliche Regeln (BGR) und Berufsgenossenschaftliche Vorschriften (BGV)	

Arbeitsblatt 17: Gefahrstoffverordnung

Die Verordnung zum Schutz vor Gefahrstoffen (Gefahrstoffverordnung) umfasst mehrere Aspekte.

1. Welche Tätigkeiten mit Gefahrstoffen unterliegen der Gefahrstoffverordnung?

2. Eine Tätigkeit mit Gefahrstoffen darf im Betrieb erst erfolgen, nachdem eine Gefährdungsbeurteilung vorgenommen wurde und erforderliche Schutzmaßnahmen getroffen wurden.
   Wer ist zu dieser Gefährdungsbeurteilung grundsätzlich verpflichtet und wer darf sie nur vornehmen?

3. Ordnen Sie die Erklärungen der Gefahrenklassen den Symbolen nach GHS zu, indem Sie die Ziffern 1 bis 8 zu den Symbolen schreiben.

(1) diverse Gesundheitsgefahren
(2) akute Toxizität
(3) explosive Stoffe und Gemische
(4) unter Druck stehende Gase
(5) handätzend, augenschädigend
(6) gewässergefährdend
(7) entzündend wirkend
(8) entzündbar

 ____	 ____
 ____	 ____
 ____	 ____
 ____	 ____

4. Welche Anforderungen werden an die Verpackung für gefährliche Stoffe gestellt?

____
____
____
____
____
____

5. Nennen Sie fünf Schutzmaßnahmen bei Tätigkeiten mit Gefahrstoffen.

____
____
____
____
____
____
____
____

6. Welche Angabe muss in einem Sicherheitsdatenblatt nicht enthalten sein? (Bitte ankreuzen!)

(1) Erste-Hilfe-Maßnahmen
(2) Schutzstufe
(3) Handhabung und Lagerung
(4) Angaben zum Transport
(5) Hinweise zur Entsorgung

7. Welche Pflichten hat der Arbeitgeber beim Umgang mit gefährlichen Stoffen zum Schutz der Arbeitnehmer?

8. Brennbare Flüssigkeiten erfordern besondere Vorsicht.

a) Welche Anforderungen werden an ein Lager für brennbare Flüssigkeiten gestellt?

b) Was ist bei der Arbeit mit brennbaren Flüssigkeiten zu beachten?

Arbeitsblatt 18: Brandgefahr

1. Ergänzen Sie folgenden Satz.

Damit Feuer entstehen kann, müssen drei Bedingungen zusammenkommen, und zwar

2. Zählen Sie Beispiele auf, wie es in Lägern zu einem Brand kommen kann.

3. Um Brand gar nicht erst entstehen zu lassen, können folgende Maßnahmen der Brandverhinderung ergriffen werden:

4. Schon beim Bau bzw. bei der Einrichtung von Lagerräumen können (bzw. müssen) Maßnahmen gegen die Brandgefahr ergriffen werden. Zählen Sie derartige Maßnahmen auf.

5. Damit ein Brand frühzeitig erkannt werden kann, sind folgende Einrichtungen geeignet:

6. Schließlich helfen Brandbekämpfungsgeräte oder -anlagen, den Brand zu bekämpfen bzw. die Folgen des Brandes zu begrenzen. Zählen Sie Beispiele mit kurzen Erläuterungen auf.

7. Bringen Sie die folgenden Tätigkeiten bei der Bekämpfung eines kleinen Feuers im Lager für Packmittel durch Zuordnung der entsprechenden Ziffern in die richtige Reihenfolge.

Feuerlöscher zur Löschung vorbereiten	
Die Brandstelle nach dem Erlöschen des Feuers beaufsichtigen	
Sich der Brandstelle so weit wie möglich nähern	
Den Brandherd mit dem Feuerlöscher ersticken	
Feueralarm auslösen	

Arbeitsblatt 19: Diebstahlgefahr

Diebstähle sind leider im Lagerbereich, vor allem im Einzelhandel, eine häufige Erscheinung.

1. Unterscheiden Sie die Arten der Diebstähle nach der

Vorgehensweise der Diebe	Art der gestohlenen Gegenstände

2. Die Folgen des Diebstahls können vielfältig sein. Zählen Sie diese auf, und zwar

für den Dieb	für den geschädigten Betrieb

3. Wer kommt als Dieb in Betracht?

4. Der Abschluss von Versicherungen kann keinen Diebstahl verhindern, allenfalls die materiellen Folgen mindern. Es gibt aber eine Reihe von Vorsorge- und Sicherungsmaßnahmen. Zählen Sie diese auf und beurteilen Sie deren Eignung für Ihren Ausbildungsbetrieb.

Vorsorgemaßnahmen	Eignung für den Ausbildungsbetrieb

Praktische Übung

Übung: Zwischen Eigen- und Fremdlagerung unterscheiden

Situation

Die Geschäftsentwicklung der Bürotec-GmbH, Bürobedarf und Büroeinrichtungen in München, verläuft äußerst zufriedenstellend. Insbesondere in Berlin und den angrenzenden Bundesländern hat in den letzten Monaten die Zahl der Kunden ebenso zugenommen wie der erzielte Umsatz. Als eine Ursache für die Umsatzsteigerung wird von der Geschäftsleitung der Firma Bürotec GmbH der eingerichtete „Over-Night-Service", heute bis 20:00 Uhr bestellt und morgen im Laufe des Tages ausgeliefert, angesehen. Dieser Service wird gerade von den Kunden in Berlin und Brandenburg immer mehr genutzt. Dieser Trend wird auch durch eine von der Firma Bürotec GmbH
durchgeführte Kundenbefragung bestätigt. Bedauerlicherweise kommt es jedoch immer wieder zu Verzögerungen, sodass bei diesem Service die Liefergarantie nicht immer eingehalten werden konnte. Die Folge sind zunehmend verärgerte Kunden.
Um den Kundenwünschen zu entsprechen, hat die Geschäftsleitung der Firma Bürotec daher entschieden, ein Lager im Bereich Berlin einzurichten. Ein geeignetes Lager mit der entsprechenden Einrichtung ist bereits vorhanden und könnte gekauft bzw. angemietet werden. Als Alternative könnte auch ein Fremdlager mit entsprechender Servicelogistik eingerichtet werden.
Die Entscheidung, ob ein eigenes Lager betrieben oder ein Fremdlager mit dem entsprechenden Service in Anspruch genommen werden soll, soll erst nach einem Kostenvergleich getroffen werden.

Arbeitsauftrag

Der Abteilungsleiter für Logistik beauftragt Sie, anhand der vorliegenden Informationen einen entsprechenden Vorschlag zu erarbeiten. Berücksichtigen Sie dabei folgende Kostensituation:

Einlagerung:	fixe Kosten 50 000,00 €, variable Kosten 5,50 € je Kubikmeter eingelagerter Ware
Fremdlagerung:	je Kubikmeter Lagervolumen einschließlich Serviceleistungen 25,50 €

1. Berechnen Sie die Kosten, die bei der Errichtung bzw. Anmietung eines eigenen Lagers entstehen, wenn folgende Lagerkapazitäten in Anspruch genommen werden: 500, 1 000, 1 500, 2 000, 2 500, 3 000, 3 500 und 4 000 m³.

Lagerkapazität in m³	Kosten bei Einlagerung			Kosten bei Fremdlagerung
	fixe Kosten	+ variable Kosten	= Gesamtkosten	
0				
500				
1 000				
1 500				
2 000				
2 500				
3 000				
3 500				
4 000				

2. Berechnen Sie die entsprechenden Kosten bei Fremdlagerung mit Servicefunktion (siehe Tabelle).

3. Ermitteln Sie die „kritische Lagermenge". Welche Aussage lässt sich daraus ableiten?

4. Stellen Sie den Sachverhalt „Kosten der Eigen- und Fremdlagerung" grafisch dar.

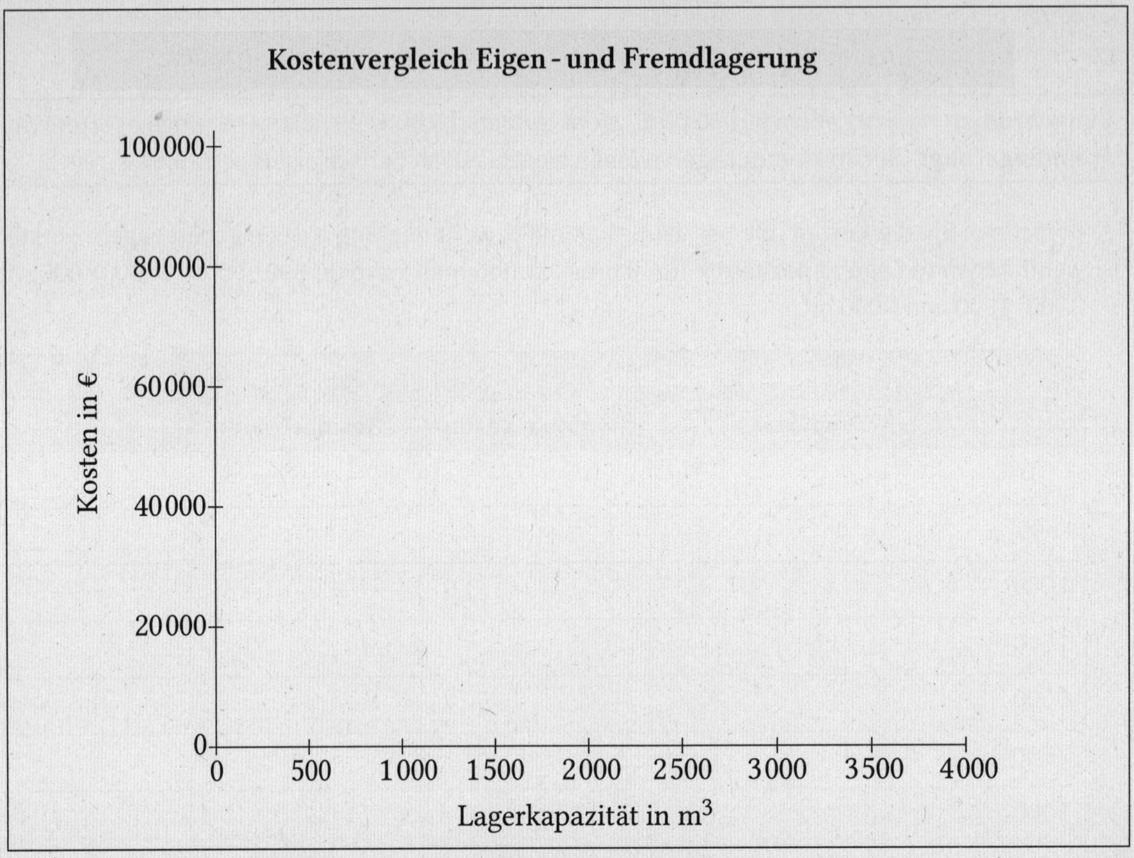

5. Geben Sie jeweils drei Beispiele für fixe und variable Lagerkosten.

6. Welche Gründe können für eine Fremdlagerung sprechen?

Lernfeld 3: Güter bearbeiten

Arbeitsblatt 1: Arbeitsmittel und Güterpflege

1. In jedem Lager gibt es Arbeitsmittel, die eine professionelle Arbeit ermöglichen. Zählen Sie die wichtigsten Arbeitsmittel in Ihrem Lager auf.

____

____

____

____

2. Welche möglichen Ursachen könnten Schäden an Gütern haben? Ordnen Sie folgende Gefahrenquellen den entsprechenden Schäden zu: Druck/Stoß, Hitze/Wärme, Feuchtigkeit, Staub, Lichteinwirkung, Kälte/Frost, Trockenheit, Lebewesen.

Schäden	Ursachen
Rosten von Metallen, Aufquellen von Holz	
Verderben von Frischprodukten, Flüssigkeitsverlust	
Ausbleichen von Textilien, Vergilben von Papier	
Bruch und Sprünge bei Glas, Verformung von Kartons	
Funktionsstörung empfindlicher, technischer Geräte	
Zerplatzen von Getränkeflaschen	
Geschmacksverlust bei Käse	
Fraßschäden an Gütern und Verpackung	

3. Bringen Sie die folgenden Möglichkeiten des Umgangs mit Abfall in die nach dem Kreislaufwirtschafts- und Abfallgesetz richtige Stufenfolge durch Eintragen der Ziffern 1 bis 5.

	Beseitigung
	Recycling
	Wiederverwendung
	Vermeidung
	Verbrennung

4. Ein Unternehmen bekommt viele Güter in Holzkisten geliefert und diese werden gemäß den Grundsätzen des Kreislaufwirtschaftsgesetzes verwertet.

a) Erklären Sie anhand eines Beispiels die stoffliche Verwertung der Holzkisten.

b) Erklären Sie anhand eines Beispiels die energetische Verwertung der Holzkisten.

Arbeitsblatt 2: Inventur

Nach dem HGB sind Kaufleute verpflichtet, mindestens einmal im Jahr eine Inventur durchzuführen. Die Inventur bezieht sich auf alle Vermögenswerte und Schulden des Betriebes. Im Lager haben wir es jedoch nur mit den Lagerbeständen zu tun. Am häufigsten ist die sog. **Stichtagsinventur** am Ende des Geschäftsjahres (meist 31.12.).

1. Beschreiben Sie den Ablauf der Inventur in Ihrem Ausbildungsbetrieb.

Beim Vergleich der bei der Inventur ermittelten Bestände (Ist-Bestand) mit den Beständen der Lagerbuchführung (Soll-Bestand) kann es zu Differenzen kommen.

2. Füllen Sie die folgende Tabelle richtig aus.

Nr.	Vorgang	Soll-Bestand ist gegenüber dem Ist-Bestand (größer/kleiner)	Höhe der Differenz
1	Eine Einlagerung von 500 Stück wurde versehentlich doppelt verbucht.		
2	Eine Auslagerung von 40 Stück wurde versehentlich nicht verbucht.		
3	Eine Auslagerung von 60 Stück wurde versehentlich mit 600 Stück verbucht.		

Nr.	Vorgang	Soll-Bestand ist gegenüber dem Ist-Bestand (größer/kleiner)	Höhe der Differenz
4	Eine Einlagerung von 120 Stück wurde versehentlich als Auslagerung verbucht.		
5	Durch unbekannte Diebe wurden 25 Stück entwendet.		
6	Eine Einlagerung von 63 Stück wurde versehentlich 36 Stück verbucht.		

3. Bei der Inventur ist eine Reihe von Arbeiten zu erledigen. Bringen Sie die folgenden Tätigkeiten durch Zuordnung der Ziffern 1 bis 6 in die richtige Reihenfolge.

Tätigkeiten:
- ☐ Einteilung der Zählteams durch den Lagermeister.
- ☐ Die ermittelten Bestände werden mit dem Einstandspreis bewertet.
- ☐ Die Inventur-Bestände werden mit den Beständen aus der Buchführung verglichen.
- ☐ Das Lager wird aufgeräumt und gesäubert.
- ☐ Ein Mitarbeiter sagt die gezählten Bestände an, der Teampartner schreibt sie auf.
- ☐ Nach Differenzen beim Soll-Ist-Vergleich werden Bestände noch einmal gezählt.

4. a) Nennen Sie die vier Inventurverfahren.

____

____

____

____

____

____

b) Bestimmen Sie die geeigneten Inventurverfahren für nachfolgende Sachverhalte.

Sachverhalt	Geeignetes Inventurverfahren
Ein Bekleidungsgeschäft schließt am 31.12. um 13:00 Uhr und macht eine Inventur. Die Bilanz ist auf den 31.12. datiert.	
Für ein Industrieunternehmen machen ca. 5 % der Güter 58 % des Lagerwertes aus.	
Ein Sportgeschäft schließt am 31.10. um 14:00 Uhr wegen Inventurarbeiten. Die Bilanz ist auf den 31.12. datiert.	
In einem Lebensmittelgeschäft erfolgt die Inventur der einzelnen Warengruppen zu einem beliebigen Zeitpunkt. Die Zu- und Abgänge werden zum Bilanzstichtag fortgeschrieben.	

Bei der verlegten Inventur kann die Bestandsaufnahme innerhalb der letzten drei Monate vor bzw. zwei Monate nach dem Bilanzstichtag erfolgen. Da in der Zeit zwischen Stich- und Zähltag Waren hinzukommen bzw. ausgegeben werden, müssen die ermittelten Bestände auf den Bilanzstichtag fortgeschrieben oder zurückgerechnet werden.

5. Ermitteln Sie den Wert der Warenbestände am Bilanzstichtag (31.12.).

a) Zähltag 10. Oktober; Inventurbestand: 524 800,00 €; Zugänge vom 10.10.–31.12. = 33 400,00 € und Abgänge in dieser Zeit = 64 700,00 €

b) Zähltag 15. Februar nächsten Jahres; Inventurbestand: 1 480 500,00 €; Zugänge vom 31.12.–15.02. 125 000,00 € und Abgänge in dieser Zeit = 83 600,00 €

Angesichts wachsender Lagergrößen im Hinblick auf Menge und Vielfalt der Waren ist unter bestimmten Bedingungen auch die Stichprobeninventur möglich.

6. Welche Voraussetzungen müssen für den Einsatz der Stichprobeninventur erfüllt sein?

7. Kreuzen Sie die jeweils richtige Antwort an.

a) Was ist eine Inventur?

	eine Bestandsaufnahme der Vermögensgegenstände und der Schulden
	eine Bestandsaufnahme des Vermögens
	eine Bestandsaufnahme der Güter

b) Welche Aussage über die vorverlegte Inventur ist richtig?

	Sie erfolgt innerhalb von drei Monaten vor dem Bilanzstichtag.
	Sie erfolgt drei Monate nach dem Bilanzstichtag.
	Sie erfolgt innerhalb von zwei Monaten vor dem Bilanzstichtag.

c) Was ist eine permanente Inventur?

	Die Aufnahme des Vorratsvermögens erfolgt über das Jahr verteilt.
	Es wird täglich eine Inventur durchgeführt.
	Die Aufnahme der Schulden erfolgt über das Jahr verteilt

d) Worin besteht der Vorteil einer permanenten Inventur?

	Die Lageristen haben immer etwas zu tun.
	Dem Unternehmer sind jederzeit seine aktuellen Lagerbestände bekannt.
	Zeit- und personalintensive Arbeiten können über das Jahr optimal verteilt werden.

e) Wie erfolgt die körperliche Inventur?

	durch Messen und Wiegen
	durch Zählen und Schätzen
	durch Zählen, Messen, Wiegen und Schätzen

f) Welche Aussage über die Stichtagsinventur ist richtig?

	Sie erfolgt innerhalb einer Frist von 15 Tagen vor oder nach dem Bilanzstichtag.
	Sie erfolgt innerhalb einer Frist von 10 Tagen vor oder nach dem Bilanzstichtag.
	Sie erfolgt innerhalb einer Frist von 5 Tagen vor oder nach dem Bilanzstichtag.

g) Welche Aussage über die nachverlegte Inventur ist richtig?

	Sie erfolgt innerhalb von drei Monaten nach dem Bilanzstichtag.
	Sie erfolgt innerhalb von zwei Monaten nach dem Bilanzstichtag.
	Sie erfolgt innerhalb von zwei Monaten vor dem Bilanzstichtag.

h) Was versteht man unter einer körperlichen Inventur?

	eine mengen- und wertmäßige Bestandsaufnahme von Vermögensgegenständen
	eine wertmäßige Bestandsaufnahme von Vermögensgegenständen
	eine mengenmäßige Bestandsaufnahme von Vermögensgegenständen

Arbeitsblatt 3: Lagerkosten

Ein Lager verursacht Kosten, die wie folgt unterteilt werden können:

1. a) Berechnen Sie die einzelnen Lagerkosten sowie die gesamten Lagerkosten.

	A	B
1		
2	Entstandene Lagerkosten 2019	in €
3	Löhne	540.000,00
4	Gehälter	310.000,00
5	Weihnachtsgeld	25.500,00
6	Urlaubsgeld	21.300,00
7	Sozialversicherungsbeiträge	214.550,00
8	**Personalkosten**	
9	Energiekosten	9.800,00
10	Miete	5.400,00
11	Abschreibungen	8.960,00
12	Reinigungskosten	11.350,00
13	Versicherungsbeiträge	4.980,00
14	**Lagerraumkosten**	
15	gebundenes Kapital	230.000,00
16	Veralten, Schwund	3.600,00
17	Ausschuss durch Beschädigungen	2.780,00
18	Versicherungsbeiträge	9.560,00
19	**Kosten für gelagerte Ware**	
20	Abschreibungen der Fördermittel	13.500,00
21	Wartungskosten	1.200,00
22	Reparaturkosten	4.750,00
23	Betriebskosten	3.600,00
24	Versicherungsbeiträge	1.890,00
25	**Kosten für Fördermittel**	
26	Verpackungsmaterial	6.730,00
27	Büromaterial	1.830,00
28	Computerverwaltungssysteme	4.900,00
29	**Lagerverwaltungskosten**	
30	**Gesamte Lagerkosten**	
31		

b) Geben Sie die Formeln an, mit denen die folgende Zellen berechnet werden können.

B8	
B14	
B19	
B25	
B29	
B30	

2. Zeigen Sie Möglichkeiten und ggf. Grenzen der Kostensenkung auf.

Personalkosten	
Raumkosten	
Warenkosten	
Kosten für Einrichtung und Fördermittel	
Materialkosten	

3. Erläutern Sie in Bezug auf das Lager den Unterschied zwischen fixen und variablen Kosten und nennen Sie Beispiele.

Arbeitsblatt 4: Lagerkennzahlen

In einem Handelsbetrieb wurden für einen bestimmten Artikel folgende Lagerbestände ermittelt:

	A	B	C	D	E
1					
2	**Monatsendbestände in Stück**			**Jahresdaten**	
3	Januar	950		Anfangsbestand	850 Stück
4	Februar	800		Bezugspreis	100,00 € je Stück
5	März	700		Verkaufspreis	150,00 € je Stück
6	April	600		Warenzugänge	2900 Stück
7	Mai	400		Tage	360 Tage
8	Juni	300		Bankzinssatz	8
9	Juli	450			
10	August	600		**Lagerkennzahlen**	
11	September	750		Ø Lagerbestand	**a)**
12	Oktober	850		Wareneinsatz	**b)**
13	November	900		Umschlagshäufigkeit	**c)**
14	Dezember	950		Ø Lagerdauer	**d)**
15				Lagerzinsen	**e)**
16					

1. Ermitteln Sie den durchschnittlichen Lagerbestand,

a) indem nur der Anfangs- und der Endbestand berücksichtigt werden.

b) indem der Anfangsbestand und die Quartalsendbestände berücksichtigt werden.

c) indem der Anfangsbestand und die Monatsendbestände berücksichtigt werden.

2. Welcher Durchschnittsbestand ist der genaueste und warum?

3. Wie hoch ist der Wert des durchschnittlichen Lagerbestandes?

4. Im o. a. Handelsbetrieb wurden für dieses Jahr und diesen Artikel Kosten in Höhe von 60000,00 € ermittelt.

Frage/Rechenweg bzw. Formel	Ausrechnung	Ergebnis
a) **Wie hoch war der Warenabsatz?**		
b) **Wie hoch war der Wareneinsatz?**		
c) **Wie hoch war der Warenumsatz?**		
d) **Wie hoch ist der Rohgewinn?**		
e) **Wie hoch ist der Reingewinn?**		
f) **Wie hoch ist die Umschlagshäufigkeit?**		
g) **Wie lang ist die durchschnittliche Lagerdauer?**		
h) **Wie hoch sind die Lagerzinsen, wenn mit einem Bankzinssatz von 8 % gerechnet wird?**		

Frage/Rechenweg bzw. Formel	Ausrechnung	Ergebnis
i) **Mit welcher Lagerreichweite in Tagen kann gerechnet werden bei einem momentanen Bestand von 820 Stück und laufenden Bestellungen über 380 Stück und einem Tagesverbrauch von 200 Stück?**		
j) **Wie hoch ist der Lagerzinssatz?**		

5. Geben Sie die Formeln an, mit denen die fehlenden Ergebnisse in den grauen Zellen berechnet werden können.

a)	
b)	
c)	
d)	
e)	

6. Wie würde sich die o. a. Umschlagshäufigkeit verändern, wenn der Wareneinsatz um 40 000,00 € und der Wert des durchschnittlichen Warenbestandes um 10 000,00 € gesunken sind?

7. Welche Erkenntnisse können aus der Höhe der Umschlagshäufigkeit gezogen werden?

8. Welche Maßnahmen sind geeignet, die Umschlagshäufigkeit zu steigern? (Bitte ankreuzen!)

a) Erhöhung des Lagerbestandes, durch Einkauf größerer Mengen, um Mengenrabatt auszunutzen ☐
b) Verstärkung der Werbemaßnahmen ☐
c) Verminderung des Lagerbestandes durch Aussortieren sog. Lagerhüter ☐
d) Senkung der Verkaufspreise, um den Absatz zu steigern ☐
e) Häufigere Inventuren, um ein exaktes Bild über den tatsächlichen Lagerbestand zu haben. ☐

9. Ergänzen Sie sinnvoll die folgenden Pfeile.
(Dabei gilt: → = konstant; ↑ = Steigerung; ↓ = Senkung)

Wareneinsatz	→	☐	↑	→	↓
Lagerbestand	↑	→	↑	☐	→
Umschlagshäufigkeit	☐	↑	☐	↑	☐

10. Nehmen Sie Stellung zu folgenden Aussagen.

a) „Eine Erhöhung der Umschlagshäufigkeit führt automatisch zu einer Erhöhung des Gewinns!"

b) „Die Erhöhung der Umschlagshäufigkeit kann ohne Probleme durch die Verringerung des Warenbestandes erreicht werden."

Praktische Übung

Übung 1: Inventurarbeiten ausführen

Situation

Kurz vor dem Jahreswechsel steht – wie in jedem Jahr – die Inventur bei der Firma Walther & Schmidt GmbH in Emden an. Es handelt sich um ein Großhandelsunternehmen der Sanitärbranche, das ca. 12 000 Artikel im Lager hat. Ihr Auftrag ist es, dem Lagermeister bei der Planung und Durchführung der Inventur zur Hand zu gehen.

Aufgaben

1. Beschreiben Sie, welche vorbereitenden Arbeiten Sie vornehmen.

2. Erläutern Sie, wie Sie die Mitarbeiter einsetzen wollen, wie diese vorzugehen haben und auf welche Weise das Inventurergebnis dokumentiert wird.

Nachdem die Inventurlisten im Büro abgegeben worden sind, wird u. a. festgestellt, dass
- beim Artikel Nr. 334 867 B 004 statt 36 nur 30 Artikel gezählt wurden,
- beim Artikel Nr. 335 774 B 012 statt 90 Stück 100 gezählt wurden.

3. Erklären Sie den Begriff **„Soll-Ist-Vergleich“**.

4. Beschreiben Sie, was **zunächst** zu tun ist, wenn eine Differenz (s. o.) festgestellt wurde.

5. Zählen Sie mögliche Erklärungen (außer Verzählen bei der Inventur) für die o. a. Differenzen auf.

Artikel Nr. 334 867 B 004 (zu wenig)	Artikel Nr. 335 774 B 012 (zu viel)

6. Nehmen Sie an, dass die Differenz nicht aufgeklärt werden kann. Was ist jetzt zu tun?

Praktische Übung

Übung 2: Lagerkennzahlen ermitteln

Situation

Sie sind als Mitarbeiter der Funsport GmbH für die Erfassung und Fortschreibung aller Warenein- und ausgänge verantwortlich. Zu Ihren Aufgaben gehört auch das Ermitteln und Aufbereiten der entsprechenden Kennzahlen aus diesem Bereich.
Ihnen liegt folgender Auszug aus der Lagerdatei (Stand 14. März) vor:

Artikelbezeichnung: Maxi-Stepper mit Computer
Artikelnummer: 565896
Verpackungseinheit: Paket zu je ein Stück
Lieferant: Nippon Import AG, Hafenstraße 110, 20188 Hamburg
Mindestbestand: 150 Stück
Meldebestand: 300 Stück
Beschaffungszeit: 6 Arbeitstage
Höchstbestand:

Datum	Zugänge	Abgänge	Bestand
02.01.			250
05.01.	500	25	725
11.01.		100	625
12.01.		50	575
15.01.		150	425
22.01.		68	357
23.01.		33	324
23.01.		45	279
28.01.	500		779
31.01.		77	702
02.02.		120	582
05.02.		22	560
11.02.		23	537
18.02.		78	459
24.02.		82	377
27.02.		25	352
01.03.	500	150	702
04.03.		76	626
07.03.		35	591
12.03.		25	566
14.03.		100	466

Aufgaben

1. Ergänzen Sie die Lagerdatei bis zum Quartalsende. Es sind noch folgende Bewegungen zu buchen:

Datum	Zugänge	Abgänge
16.03.		25
19.03.		76
22.03.	500	25
29.03.		78
31.03.		137

2. Berechnen Sie den durchschnittlichen Lagerbestand für das erste Quartal.
(Lösungshinweis: Nur Anfangsbestand und Monatsendbestände berücksichtigen!)

3. Ermitteln Sie den **Absatz** für

a) das erste Quartal.

b) 1 Tag (im ersten Quartal rechnen wir mit 65 Arbeitstagen).

4. Prüfen Sie, ob der **Meldebestand** aufgrund der Absatzzahlen geändert werden muss.

5. Welche Probleme können sich in der betrieblichen Praxis ergeben, wenn die Bestellungen nur aufgrund des rechnerisch ermittelten Meldebestandes erfolgen?

6. Berechnen Sie die **Umschlagshäufigkeit** und die **durchschnittliche Lagerdauer**.

7. Einer Fachzeitschrift entnehmen Sie, dass die Umschlagshäufigkeit in der Branche durchschnittlich höher ist als die von Ihnen errechnete. Machen Sie Vorschläge von Lagerseite, die geeignet sind, die Umschlagshäufigkeit zu erhöhen.

Praktische Übung

Übung 3: Material disponieren

Situation

Sie sind Mitarbeiter bei dem Büromöbelhersteller Büro 3000 GmbH in Leer (Ostfr.). Zu Ihrem Aufgabengebiet gehört auch die Materialdisposition. Ihnen liegt zum Artikel 2300201 (Schloss DIN 520) folgende Datei vor:

Lagerverwaltungssystem

Bestand anlegen | Durchschn. Lagerbest. | Durchschn. Lagerwert | Umschlagshäufigkeit

Meldebestand: 300 St. | Mindestbestand: 48 St. | Höchstbestand: 1.000 St.

Schlösser DIN 520 | Art.-Nr. = 2300201 Mengen-/Mengen-Wert-Angabe | Lieferantenstammdatei

Datum	Zugang (St.)	Abgang (St.)	Bestand (St.)	Datum	Zugang (St.)	Abgang (St.)	Bestand (St.)
01.01.			142	07.07.		120	856
03.01.	650		792	10.07.		25	831
10.01.		41	751	15.07.		50	781
02.02.		12	739	31.07.		250	531
06.02.		55	684	06.08.		150	381
19.02.		200	484	16.08.		25	356
03.03.		26	458	18.08.		10	346
15.03.		75	383	01.09.		120	226
29.03.		110	273	10.09.		61	165
05.04.		50	223	12.09.	800		965
09.04.		120	103	26.09.		250	715
11.04.	800		903	05.10.		20	695
01.05.		250	653	13.10.		55	640
02.05.		120	533	26.10.		5	635
16.05.		65	468	01.11.		250	385
18.05.		10	458	06.11.		15	370
02.06.		12	446	16.11.		25	345
10.06.		110	336	18.11.		32	313
23.06.		150	186	20.11.		120	193
27.06.		25	161	02.12.	800		993
02.07.		35	126	05.12.		160	833
05.07.	850		976	16.12.		25	808

Aufgaben

1. Ihr Abteilungsleiter benötigt folgende Kennzahlen:

   a) den **durchschnittlichen Lagerbestand** (AB + Monatsendbestände berücksichtigen – auf volle Stückzahl aufrunden!)

b) den **Jahresverbrauch**

c) die **Umschlagshäufigkeit** (2 Stellen hinter dem Komma)

d) die **durchschnittliche Lagerdauer** (auf volle Tage aufrunden)

e) die **Zinsen** für das gebundene Kapital (Bankzinssatz 12,5 %, Beschaffungskosten 25,00 € pro Schloss)

2. Sie erhalten den Auftrag, den Meldebestand zu überprüfen.

a) Welche Beschaffungsdauer liegt dem Meldebestand zugrunde? (Arbeitstage pro Jahr 270)

b) Ermitteln Sie anhand der vorliegenden Datei, wie lang die tatsächliche, durchschnittliche Beschaffungsdauer war.

c) Welche Konsequenzen könnten sich für den Meldebestand ergeben?

Lernfeld 4: Güter im Betrieb transportieren

Arbeitsblatt 1: Innerbetriebliche Transportsysteme

1. Ihr Ausbildungsbetrieb plant ein neues Lager.

a) Erklären Sie den Unterschied zwischen dem außerbetrieblichen und dem innerbetrieblichen Materialfluss an einem Beispiel.

Der außerbetriebliche Materialfluss findet z. B. statt zwischen:

Der innerbetriebliche Materialfluss findet z. B. statt zwischen:

b) Welche Fragen stellen sich bei der Gestaltung des innerbetrieblichen Materialflusses?

c) Welche Ziele verfolgt ein optimaler innerbetrieblicher Materialfluss?

d) Nach welchen Kriterien können Transportmittel für den innerbetrieblichen Transport eingeteilt werden?

______________________ ______________________

______________________ ______________________

______________________ ______________________

______________________ ______________________

2. Stellen Sie fest, bei welchen Tätigkeiten es sich
- um einen Materialfluss [M],
- um einen vorausgehenden Informationsfluss [V],
- um einen begleitenden Informationsfluss [B],
- um einen nachfolgenden Informationsfluss [N],
- um einen entgegenlaufenden Informationsfluss [E]

handelt.

a) Die Rechnung wird der Warenlieferung beigelegt. ☐ ☐

b) Der Staplerfahrer entlädt einen Lkw und meldet nach der Entladung den ordnungsgemäßen Empfang von 20 Paletten per Terminal an den Lagerverwaltungsrechner. ☐ ☐

c) Die Einkaufsabteilung teilt dem Lieferanten per E-Mail mit, dass die eingegangene Lieferung Qualitätsmängel aufweist und bittet um Klärung. ☐

d) Die Abteilung Wareneingang teilt der Abteilung Produktion mit, dass die bestellte Ware eingetroffen ist und zur Abholung bereitgehalten wird. ☐

e) Der Kommissionierer erhält per Pick by Voice den Kommissionierauftrag. Er bewegt sich zum Regalfach, greift die Teile und erfasst die Entnahme mit dem mitgeführten Barcodescanner. ☐ ☐ ☐

3. Ordnen Sie die folgenden Definitionen den unten stehenden Fachbegriffen zu.

Definitionen

(1) Packmittel, die das Fördergut lager-, lade- und transportfähig machen
(2) Oberbegriff für Transportmittel für den innerbetrieblichen Transport
(3) Fördermittel mit fester Transportstrecke und kontinuierlichem Materialfluss
(4) Fördermittel, die hauptsächlich dem Transport in vertikaler Richtung dienen
(5) Fördermittel, die durch Induktionsschleifen am Boden oder über Lasertechnik ihren Weg finden
(6) Fördermittel, die ihre Last auf dem Boden auf unterschiedlicher Transportstrecke bewegen
(7) Fördermittel, das sich nur innerhalb des Regalbereichs bewegt und häufig mit der Regalanlage fest verbunden ist

Fachbegriffe

☐ Flurförderzeuge
☐ Förderhilfsmittel
☐ Stetigförderer
☐ Hebezeuge
☐ Regalbediengerät
☐ fahrerlose Transportsysteme
☐ Fördermittel

4. Nachfolgend sind zwölf verschiedene Fördermittel für den innerbetrieblichen Transport aufgeführt. Ordnen Sie die Fördermittel den Oberbegriffen im darunter stehenden Diagramm zu.
Gabelstapler, Brückenkran, Becherwerk, Gabelhubwagen, Portalkran, fahrerloses Transportsystem, Rollenbahn, Drehkran, Schlepper, Kettenförderer, Aufzug, Röllchenbahn

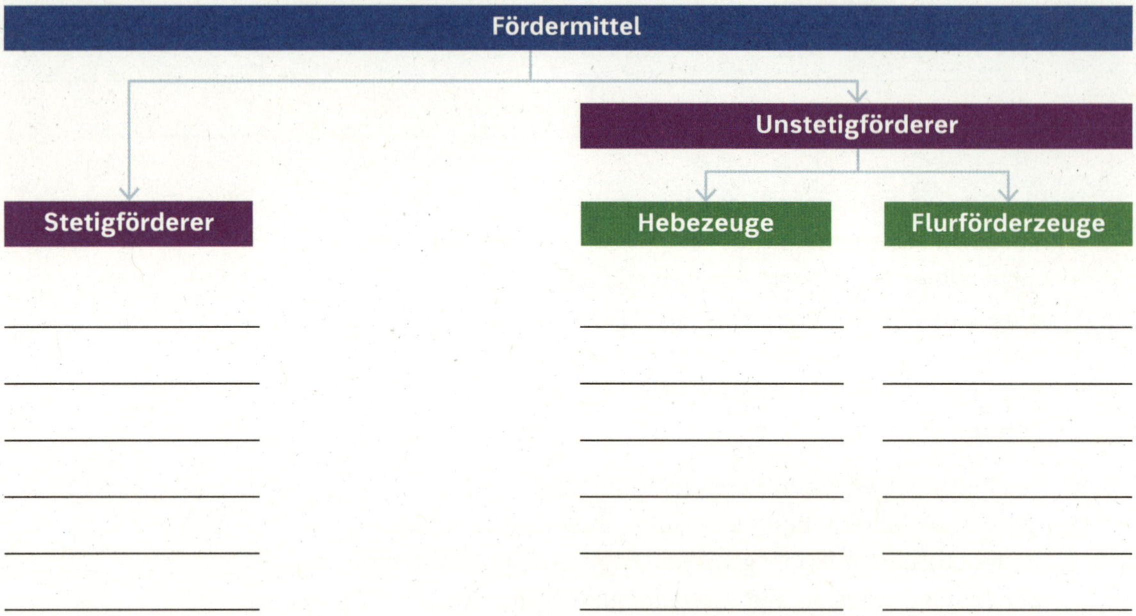

5. Gabelstapler werden am Markt für den jeweiligen Verwendungszweck in unterschiedlichsten Ausführungen und Ausstattungen angeboten. Ordnen Sie den verschiedenen Verwendungszwecken die entsprechende Ausführung/Ausstattung zu.

Verwendungszweck

(1) Einsatz nur in geschlossenen Lagern
(2) Transport auf kurzen Strecken ohne Einlagerungen in Regalen
(3) hohe Wendigkeit in den Regalgängen
(4) häufige Rückwärtsfahrten
(5) Einsatz in Lagern mit brennbaren Gasen
(6) Staplereinsatz zum Be- und Entladen von Paletten von Lkws und an Rampen
(7) Einlagerung von Paletten in 6 m Höhe
(8) manuelle Einlagerung und Entnahme von Teilen in bzw. aus Regalfächern in 4 m Höhe
(9) Staplereinsatz in einem Lager mit geringer Bodenbelastbarkeit

Ausführung/Ausstattung

Vierfachmaststapler	☐
freitragender Stapler	☐
Kommissionierstapler	☐
Gabelhubwagen	☐
dreirädriger Stapler	☐
ex-geschützter Stapler	☐
radunterstützter Stapler	☐
Elektrostapler	☐
Seitsitzstapler	☐

6. Stetigförderer sind Fördermittel mit einem festen, gleichbleibenden Transportweg.

a) In welchen Fällen ist der Einsatz von Stetigförderern sinnvoll? Nennen Sie auch Beispiele für den Einsatz von Stetigförderern.

b) Welche Vorteile hat der Einsatz von Stetigförderern?

c) Welche Nachteile hat der Einsatz von Stetigförderern?

d) Worin besteht der Unterschied zwischen flurfreien und flurgebundenen Stetigförderern? Nennen Sie auch jeweils drei Beispiele.

7. Nennen Sie zwei Beispiele, wie der Einsatz von RFID an Staplern den Materialfluss verbessern kann.

8. Ordnen Sie die abgebildeten Stetigförderer den Fachbegriffen zu.

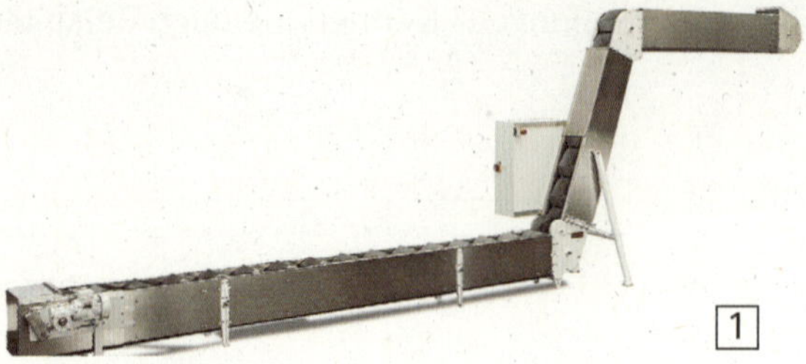

1

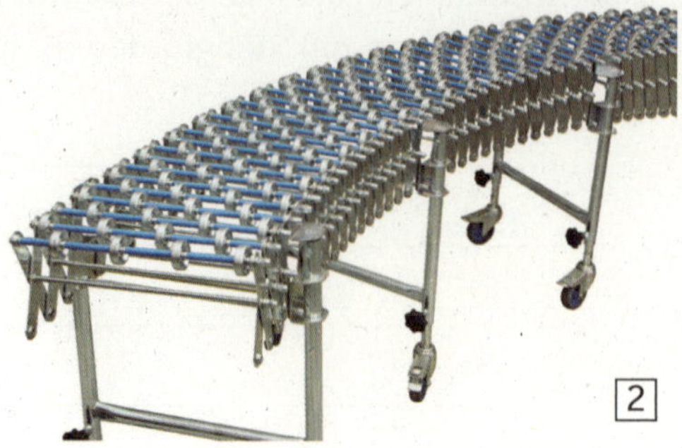

2

3

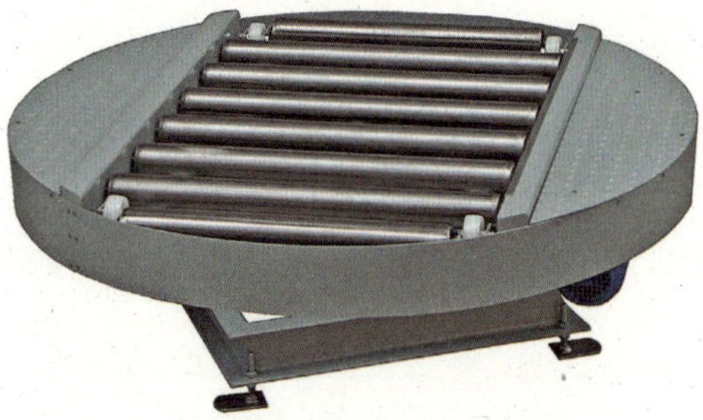

4

5

6

Fachbegriffe:

Röllchenbahn		Rollenbahn	
Spiralförderer		Senkrechtförderer	
Drehbühne		Becherwerk	

9. Ordnen Sie die abgebildeten flurgebundenen Transportmittel den Fachbegriffen zu.

1

2

3

4

5

6

7

8

Fachbegriffe:

Handgabelhubwagen		Elektro-Deichsel-Gabelhubwagen	
radunterstützter Elektrohandstapler		freitragender Dreiradstapler	
Schubmaststapler		Kommissionierstapler	
Hochregalstapler		Regalbediengerät	

10. Ordnen Sie die abgebildeten Hebezeuge den Fachbegriffen zu.

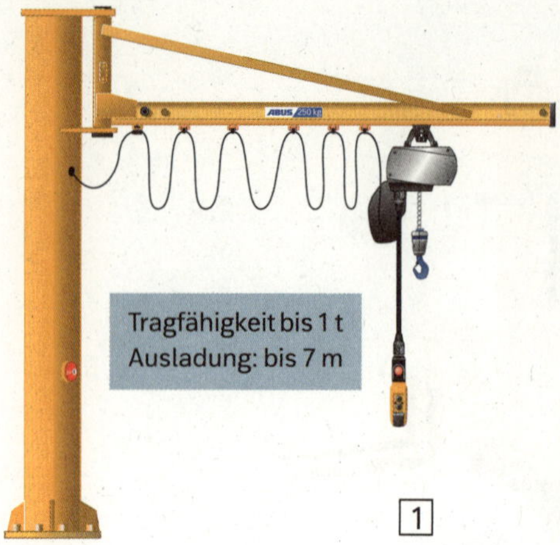

Tragfähigkeit bis 1 t
Ausladung: bis 7 m

Tragfähigkeit bis 2 000 kg

1

3

Tragfähigkeit bis 1 t,
Ausladung: bis 7 m

2

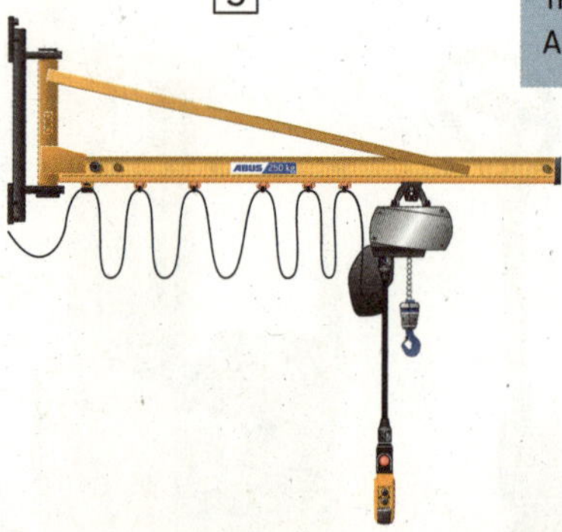

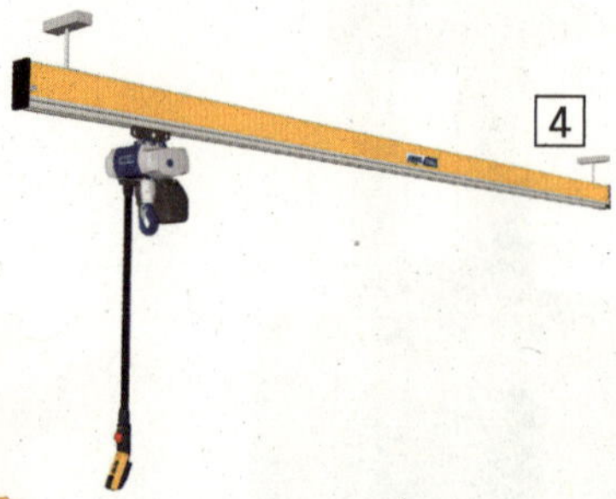

4

Tragfähigkeit bis 2 t

Tragfähigkeit bis 2 t
Höhe: bis 5 m
Breite: bis 7,9 m

5

Tragfähigkeit bis 120 t,
Spannweite bis 40 m

6

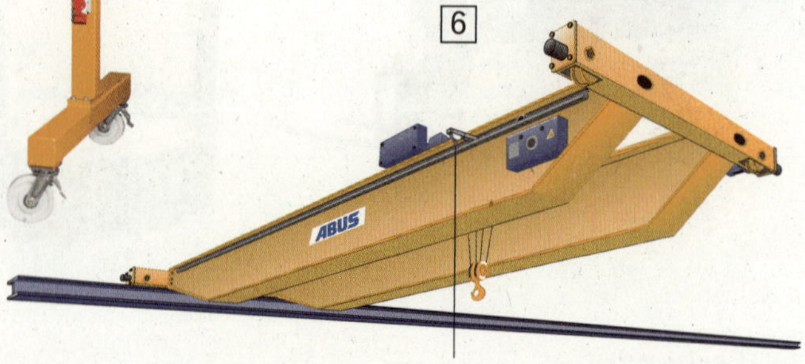

Fachbegriffe:

Leichtportalkran	☐	Zweiträgerlaufkran	☐
Einschienenbahn	☐	Säulenschwenkkran	☐
Wandschwenkkran	☐	Elektro-Kettenzug	☐

11. Ein Behälter aus Eisen ist 1,60 m lang, 1,20 m breit und 1 400 kg schwer. Sein Schwerpunkt liegt in der Mitte des Behälters. Stellen Sie fest, ob und wie der Behälter mit einem Gabelstapler mit dem abgebildeten Lastschwerpunkt-Diagramm in ein Regalfach in 4,5 m Höhe gehoben werden darf.

Höhe in mm	Lastgewicht Q in kg			
5430	910	1060	1290	1440
5030	970	1140	1380	1540
4830	1010	1180	1430	1600
4100	1010	1180	1430	1600
3300	1010	1180	1430	1600
Lastschwerpunkt-abstand in mm	1000	800	600	500

12. Beim Einsatz von fahrerlosen Transportsystemen wird dem Fahrzeug vor der Fahrt über EDV der Zielort/Empfangsort eingegeben. Wie findet das Fahrzeug den Weg zum Zielort

a) bei induktiver Steuerung?

b) bei Lasernavigation?

13. Welche Sicherungen werden bei fahrerlosen Transportsystemen eingesetzt, um Zusammenstöße und Unfälle zu vermeiden?

14. Nennen Sie je drei

a) Hilfsmittel zum Heben und Tragen von leichten Lasten.

____

b) Hilfsmittel zum Heben und Bewegen von schweren Lasten.

____

c) Transportmittel, bei denen zum Heben und Befördern die menschliche Kraft erforderlich ist.

____

15. Worin unterscheiden sich regalabhängige und regalunabhängige Regalbediengeräte?

____

____

____

____

____

16. Regalbediengeräte dienen der rationellen Einlagerung und Auslagerung von Gütern in den Regalen.

a) Was versteht man unter der Umschlagsleistung von Regalbediengeräten?

____

____

b) Wovon hängt die Umschlagsleistung ab?

____

____

____

____

____

____

____

17. Ein Forschungsinstitut hat die Einlagerungskapazität bei einer Palettenlagerung in Abhängigkeit vom Lagerbediengerät untersucht und ist zu folgenden Kennzahlen gekommen:

	Gabelstapler	Stapelkran	Regalbediengerät
Umbauter Raum des Lagers	4100 m^3	4100 m^3	4100 m^3
Maximaler Rauminhalt der einzulagernden Güter	825 m^3	1238 m^3	2180 m^3
Anzahl der eingelagerten Paletten	424	636	1120
Raumnutzungsgrad			

a) Berechnen Sie die Raumnutzugsgrade in Prozent für die jeweiligen Lagerbediengeräte und tragen Sie diese in die obige Tabelle ein. Runden Sie auf eine Stelle nach dem Komma.

$$\text{Raumnutzungsgrad in \%} = \frac{(\text{maximaler Rauminhalt der einzulagernden Güter in } m^3 \cdot 100)}{\text{umbauter Raum des Lagers in } m^3}$$

b) Um wie viel Prozent kann die Anzahl der eingelagerten Paletten bei dem Einsatz eines Staplerkrans und eines Regalbediengerätes gegenüber einem Gabelstapler erhöht werden?

Erhöhung gegenüber dem Stapelkran:

Erhöhung gegenüber dem Regalbediengerät:

Arbeitsblatt 2: Organisation des Arbeitsschutzes

Die Sicherheit im Lager ist für Arbeitgeber und Arbeitnehmer gleichermaßen wichtig. Damit die Organisation des Arbeitsschutzes gelingt und alle Beteiligten wissen, welche Aufgaben und Kompetenzen sie in diesem Zusammenhang haben, wurden hierzu in verschiedenen Gesetzen, Verordnungen und Vorschriften Regelungen getroffen.

1. Welche Pflichten hat der Arbeitgeber im Hinblick auf den Arbeitsschutz?

2. Welche Pflichten hat der Arbeitnehmer im Hinblick auf den Arbeitsschutz?

3. In welchen Betrieben ist ein Sicherheitsbeauftragter zu bestellen und welche Aufgaben hat dieser?

4. Wie muss nach § 89 des Betriebsverfassungsgesetzes der Betriebsrat am Arbeits- und Unfallschutz beteiligt werden?

5. Was versteht man unter einer „Sicherheitsfachkraft"?

6. Welche Aufgaben haben Betriebsärzte und Sicherheitsfachkräfte?

7. Was versteht man unter Berufsgenossenschaften und welche Aufgaben haben sie?

8. Welche Berufsgenossenschaft ist für Sie zuständig?

9. Was versteht man unter einem „Arbeitsschutzausschuss“?

10. Wozu sind Berufsgenossenschaften und zuständige Stellen (Gewerbeaufsicht) nach dem Arbeitsschutzgesetz befugt?

Arbeitsblatt 3: Gesundheitsschutz beim Heben und Tragen

1. a) Welche Grundregeln sollten beim Heben und Tragen beachtet werden, damit die Belastung der Wirbelsäule und der Bandscheiben gering gehalten wird?

b) In einem Betrieb sind häufig flächige Güter wie Glasscheiben und Stahlbleche, aber auch gebündeltes Stabeisen per Hand zu transportieren. Welche Transporthilfen eignen sich hierfür?

____

____

2. Die körperliche Belastung beim Heben und Tragen von Gütern hängt u.a. ab von Alter und Geschlecht sowie der Häufigkeit.

a) Welche Gewichte sollten Männer und Frauen beim Heben und Tragen nicht überschreiten?

____

____

b) Für welche Personengruppen gibt es Sonderregelungen?

____

3. Vervollständigen Sie folgende Betriebsanweisung zum richtigen Heben und Tragen.

BETRIEBSANWEISUNG
Anwendungsbereich
Arbeiten mit manueller Lastenhandhabung (Heben und Tragen)
Gefährdungen
____
____
____
____
Schutzmaßnahmen und Verhaltensregeln
____
____
____
____
____
____
____
____
____
____
____
____
____

Verhalten bei Störungen

Beschädigte Hebe-, Trage- und Transporthilfen dürfen nicht benutzt werden. Sie sind sofort aus dem Verkehr zu nehmen. Die Mängel sind dem Vorgesetzten zu melden.

Erste Hilfe

- Ruhe bewahren
- Ersthelfer heranziehen
- Unfall melden

Notruf:

Instandhaltung

Instandhaltungsarbeiten an Hebe-, Trage- und Transporthilfen nur durch beauftragte und fachlich qualifizierte Personen durchführen lassen.

Arbeitsblatt 4: Sicherer Umgang mit Fördermitteln

1. Der 17-jährige Robert wird seit einem halben Jahr in einem Sanitärgroßhandel als Fachkraft für Lagerlogistik ausgebildet. Er würde gerne wie seine Kollegen mit dem Gabelstapler fahren und fragt den Lagermeister, wann er endlich die Gelegenheit dazu bekäme. Der Lagermeister klärt ihn über die Voraussetzungen für das Fahren mit dem Gabelstapler auf.

   Welche sind diese Voraussetzungen?

2. Nachdem Robert volljährig geworden ist, wird er zu einer Schulung eingeladen, um seinen Staplerführerschein zu machen. Dabei lernt er, dass nicht nur die Eignung des Fahrzeugführers Voraussetzung für sicheres Fahren mit dem Gabelstapler ist. Auch der einwandfreie Zustand des Flurförderzeuges ist wichtig.

Welche Maßnahmen sind geeignet, ein sicheres Arbeiten mit dem Gabelstapler zu gewährleisten?

____

____

____

____

____

____

3. Ein falscher Umgang mit dem Gabelstapler führt immer wieder zu Unfällen.
Wie sind in diesem Zusammenhang folgende Situationen zu beurteilen?

a) Um keine unnötige Zeit zu verlieren, hält sich der Staplerfahrer nicht mit der Überprüfung des Gabelstaplers beim Arbeitsbeginn auf.

____

b) Weil der Weg von der Halle zum Büro so weit ist, nimmt der Staplerfahrer die Sekretärin ein Stück mit.

____

____

c) Beim Abwärtsfahren von einer schrägen Rampe fällt die Palette von den Gabeln.

____

d) Weil die aufgenommene Last sehr hoch ist, kann der Fahrer den Fahrweg nicht vollständig einsehen.

____

____

e) Um einen Lkw schneller entladen zu können, nimmt der Staplerfahrer die Gabeln schon wieder hoch, während er vom Lager zum Lkw fährt.

____

____

f) Die Leuchtröhre an der Hallendecke muss ausgewechselt werden. Der auf den Staplergabeln heraufgefahrene Kollege erledigt dies im Nu.

____

____

g) Um keine Zeit zu verlieren, parkt der Fahrer während des Gangs zur Toilette den betriebsbereiten Gabelstapler.

____

____

4. Die 18-jährige Lea macht eine Ausbildung zur Fachlageristin bei einer Stahlfirma. Die schweren Stahlträger werden in der Halle mit Kranen hin und her bewegt. Lea hat sehr großes Interesse daran, einen Kran zu steuern.

Welche Voraussetzungen muss Lea erfüllen, damit sie einen Kran bedienen darf?

5. In den letzten vier Monaten hat Lea dafür gesorgt, dass sie alle erforderlichen Voraussetzungen zum Führen eines Krans erfüllt. Heute ist sie zum ersten Mal für den Transport eines Stahlträgers verantwortlich.

a) Beschreiben Sie, welche Sicherheitsmaßnahmen Lea vor Arbeitsbeginn zu erledigen hat.

b) Nennen Sie die Personen, die beim Transport von Gütern mit einem Kran beteiligt sind.

c) Beschreiben Sie, welche Sicherheitsmaßnahmen Lea vor Transportbeginn zu erledigen hat.

d) Beschreiben Sie, welche Sicherheitsmaßnehmen Lea während des Transports zu beachten hat.

6. Beim Umgang mit dem Kran sind mathematische Kenntnisse gefragt.

a) Welcher Zusammenhang besteht zwischen dem Neigungswinkel β und der Tragfähigkeit von Anschlagmitteln wie Ketten, Stahlseilen oder Bändern?

b) Stellen Sie diesen Zusammenhang jeweils in einer Zeichnung mit einem 30°-Winkel und einem 60°-Winkel dar.

Strang mit 30°-Winkel

Strang mit 60°-Winkel

c) Ermitteln Sie unter Verwendung der abgebildeten Tragfähigkeitstabelle die Tragfähigkeit in kg bei einer zweisträngigen Kette mit einer Ketten-Nenndicke von 10 mm und einem Neigungswinkel von 30°.

Ketten-nenn-dicke mm	Tragfähigkeit in kg im geraden Strang				
	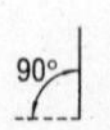	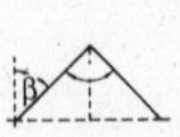		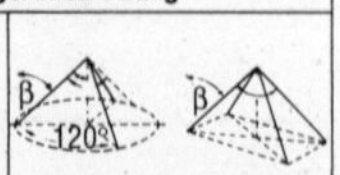	
	1-strang	2-strang		3- und 4-strang	
Neigungswinkel β	0	0-45°	45-60°	0-45°	45-60°
8	530	700	530	1 100	800
10	850	1 200	850	1 800	1 300
13	1 400	2 000	1 400	3 000	2 100
16	2 200	3 000	2 200	4 600	3 300
18	3 500	5 000	3 500	7 500	5 300
20	4 500	6 300	4 500	9 500	6 700
22	5 600	7 800	5 600	11 800	8 400
26	7 000	10 000	7 000	14 500	10 500
28	9 000	12 500	9 000	18 500	13 500
32	11 200	15 500	11 200	23 500	16 800

d) Ein Behälter mit einem Gewicht von 8 t soll mit einem Kran auf einen Lkw verladen werden. Als Anschlagmittel werden vier Ketten verwendet. Der Neigungswinkel der Ketten beträgt 30° bis 40°.
Welche Ketten-Nenndicke in mm ist mindestens erforderlich?

Praktische Übung

Übung: Den Materialfluss planen

Ihr Unternehmen plant den Bau eines neuen zweistöckigen Lagers, in dem im Zweischichtbetrieb von 05:00 Uhr morgens bis 22:00 Uhr abends durchgehend gearbeitet werden soll. Sie erhalten den Auftrag, bei der Planung des Materialflusses von der Warenanlieferung bis Einlagerung in das Hochregallager mitzuwirken. Zusätzlich erhalten Sie die Information, dass die Anlieferung der Güter zu 80 % auf Paletten und zu 20 % unpalettiert in Schachteln, Kisten, Fässern usw. erfolgt. Als Hilfsmittel dient Ihnen der abgebildete Plan.

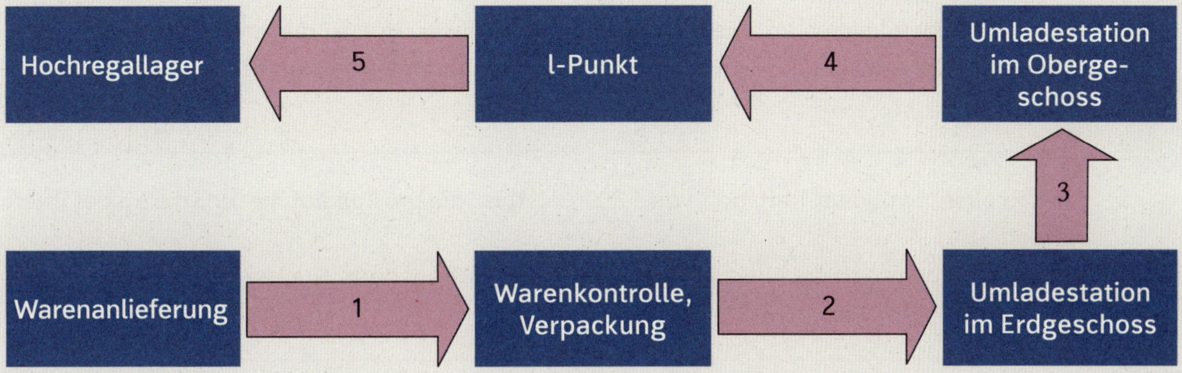

Arbeitsauftrag

1. a) Schlagen Sie Fördermittel vor, die auf den Förderstrecken 1 bis 5 eingesetzt werden können.

Förderstrecke 1:

Förderstrecke 2:

Förderstrecke 3:

Förderstrecke 4:

Förderstrecke 5:

b) Wovon hängt ab, welches Fördermittel gewählt wird?

2. Für die Förderstrecken 2 und 4 ist die Anschaffung eines fahrerlosen Transportsystems (FTS) vorgesehen.

a) Welche Vorteile bietet der Einsatz von fahrerlosen Transportsystemen?

b) Die Fahrgeschwindigkeit des FTS im Erdgeschoss beträgt 3,6 km/Std. Wie viele Minuten braucht ein Fahrzeug für eine Förderstrecke von 240 m, wenn Sie noch 30 Sekunden für die Beladung und 30 Sekunden für die Entladung hinzurechnen müssen?

c) Wie viel Paletten können im Zweischichtbetrieb auf dieser Strecke maximal befördert werden, wenn die Strecke gleichzeitig von zehn Fahrzeugen befahren werden kann?

d) Sie kalkulieren mit dem Transport von 1 200 Paletten, die pro Tag auf dieser Strecke befördert werden.
Wie hoch ist demnach die Auslastung des fahrerlosen Transportsystems?

3. Sie entscheiden sich für die Anschaffung eines Gabelstaplers für den Transport auf Strecke 1.

a) Welche Staplerart wählen Sie in Bezug auf Antriebsart und Unterfahrbarkeit?

b) Nennen Sie fünf Verhaltensweisen, die bei der Benutzung des Gabelstaplers wichtig sind.

c) Sie beabsichtigen, das neue Lager mit moderner RFID-Technik auszustatten und an den Gabelstaplern, den Packmitteln, den Lagerplätzen und entlang der Fahrstrecken Transponder anbringen zu lassen. Was möchten Sie damit erreichen? Informieren Sie sich dazu auch im Internet.

4. Vor der Einlagerung in das Hochregallager erreichen die Paletten den I-Punkt. Erklären Sie die Bedeutung des I-Punktes.

5. Für die Einlagerung in das Hochregallager soll ein Regalbediengerät angeschafft werden. Die Spielzeit (Zykluszeit) im Doppelspiel beträgt 90 Sekunden.

a) Erklären Sie den Begriff „Doppelspiel“.

b) Ermitteln Sie, wie viel Paletten je Regalbediengerät im Zweischichtbetrieb ein- und ausgelagert werden können.

c) Wie viele Regalbediengeräte sind erforderlich, um die maximale Zahl der vom FTS angelieferten Paletten (Aufgabe 2c) auch einlagern zu können?

Lernfeld 5: Güter kommissionieren

Arbeitsblatt 1: Grundlagen der Kommissionierung

1. Erklären Sie das Verb „kommissionieren“.

____

____

2. Ordnen Sie die Tätigkeiten „erfassen“, „aufbereiten“, „weitergeben“, „quittieren“ den folgenden Vorgängen richtig zu.

Die Bestelldaten werden im „Real-Time-Modus“ oder für einen ganzen Tag gesammelt und dann stapelweise geordnet. ____________

Nachdem die Bestelldaten im EDV-System eingegeben wurden, wird festgestellt, ob Lieferbereitschaft besteht. ____________

Die Entnahme der zu kommissionierenden Ware bestätigt der Kommissionierer entweder nach jeder Position oder nach Erledigung des gesamten Auftrages. ____________

Der Kommissionierer erhält den Kommissionierauftrag schriftlich oder beleglos im Onlineverfahren bzw. über ein infrarot- oder funkgesteuertes Kleinterminal mit Display. ____________

3. Grundsätzlich werden bei der manuellen Kommissionierung zwei Kommissioniersysteme unterschieden: die **statische und die dynamische Bereitstellung**.

a) Wodurch unterscheiden sich diese Systeme?

____

____

____

____

____

b) Welche Regalarten eignen sich für die dynamische Bereitstellung?

____

____

c) Zählen Sie jeweils drei Vorteile der beiden Kommissioniersysteme auf.

Statische Bereitstellung	Dynamische Bereitstellung

d) Bringen Sie die Tätigkeiten beim „Mann-zur-Ware-System“ in die richtige Reihenfolge.

Transport der kommissionierten Waren zum Versandplatz ☐
Entgegennahme des Kommissionierauftrages ☐
Überprüfung, ob im Lagerfach die richtige Ware liegt ☐
Ermittlung des Lagerfaches gemäß Kommissionierauftrag ☐
Entnahme (Greifen) der gewünschten Ware ☐
Gang zum Lagerfach mit der gewünschten Ware ☐

4. Die Entnahme der Güter kann manuell, mechanisch oder automatisch erfolgen. Nennen Sie je einen Vor- bzw. Nachteil dieser Entnahmearten.

Entnahmeart	Vorteile	Nachteile
Manuell		
Mechanisch		
Automatisch		

5. Bei welchem Beispiel handelt es sich <u>nicht</u> um beleglose Kommissionierung? ☐

a) Pick by Scan
b) Pick by Light
c) Pick by Paper
d) Pick by Voice
e) Pick by Vision
f) Pick by RFID

Arbeitsblatt 2: Kommissioniermethoden

1. Wie werden folgende **Kommissioniermethoden** genannt?
Kommissionierer A führt den gesamten Auftrag allein aus. Anschließend kommissioniert er den nächsten Auftrag und so weiter.

____

Kommissionierer A entnimmt für einen Auftrag die Artikel aus Lagerzone I, übergibt den Auftrag und die entnommenen Artikel an Kommissionierer B, der dem Auftrag die Artikel „seiner" Lagerzone hinzufügt und den Auftrag seinerseits an Kommissionierer C weitergibt. Der letzte Kommissionierer bringt den kompletten Auftrag zum Versandplatz.

____

2. Ergänzen Sie folgende Sätze.

Bei der ____________________ Kommissioniermethode wird ein Kundenauftrag in Teilaufträge aufgeteilt. Mehrere Kommissionierer können nun gleichzeitig diesen Auftrag bearbeiten. Nach erfolgter Kommissionierung werden die Teilaufträge wieder zu einem kompletten Auftrag zusammengeführt.

Der Vorteil dieser Methode besteht in ____________________.

Allerdings erfordert diese Methode eine aufwendige ____________________

und ____________________. Außerdem besteht die Gefahr der ____________________

____________________.

3. Wenn die Kommissionierer die Artikel mit hoher Gängigkeit (Schnelldreher) aus den Regalen in der Nähe des Hauptganges entnehmen können und nur gelegentlich einmal in die Quergänge hineingehen müssen, um Artikel mit geringerer Gängigkeit zu entnehmen, spricht man von der sog.

____________________.

4. Was versteht man unter der **1. und 2. Kommissionierstufe** bei der **serienorientierten, parallelen Kommissionierung** und worin besteht der entscheidende **Vorteil** dieser Kommissioniermethode?

____

____

____

____

____

5. Welche Möglichkeiten der automatischen Kontrolle der kommissionierten Ware gibt es?

____

____

____

____

6. a) Wie nennt man die nachfolgend abgebildete Kommissioniermethode?

____

____

____

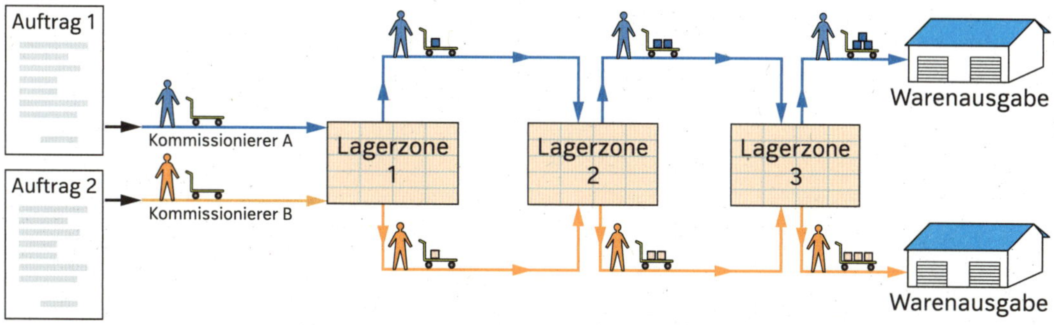

b) Wie nennt man die nachfolgend abgebildete Kommissioniermethode?

____

____

____

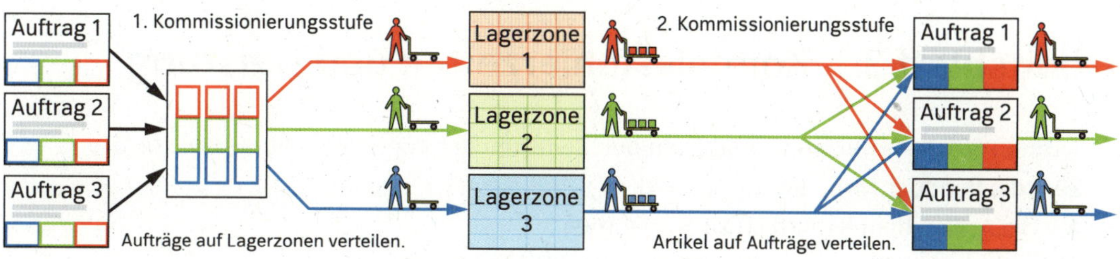

c) Wie nennt man die nachfolgend abgebildete Kommissioniermethode?

____

____

____

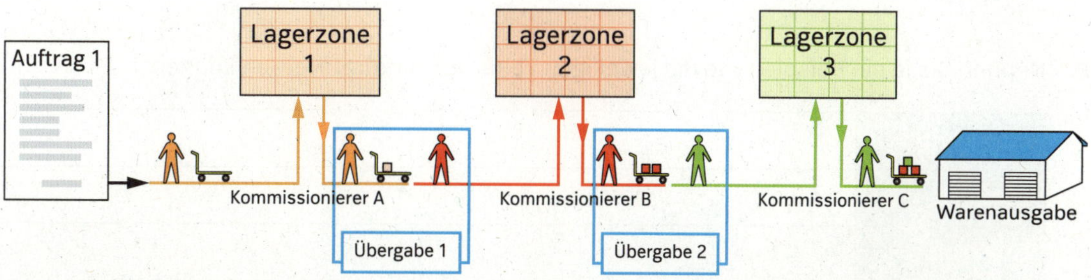

d) Stellen Sie grafisch die auftragsorientierte parallele Kommissionierung dar.

Arbeitsblatt 3: Kommissionierzeiten und -leistung

1. Ordnen Sie die jeweiligen Tätigkeiten den Zeitarten der Kommissionierzeiten zu.
Zeit, die benötigt wird, um

A die Artikel dem Regalfach zu entnehmen
B zu kontrollieren, ob der entnommene Artikel richtig ist
C auf die Toilette zu gehen
D ein Kommissionierfahrzeug zu holen
E zu den Lagerplätzen zu gehen

☐ Basiszeit
☐ Wegzeit
☐ Greifzeit
☐ Totzeit
☐ Verteilzeit

2. Nennen Sie je ein Beispiel, wie die jeweiligen Zeitarten verkürzt werden können.

Basiszeit	
Wegzeit	
Greifzeit	
Totzeit	
Verteilzeit	

3. Welche Rolle spielen das Betriebsklima und die persönliche Einstellung des Kommissionierers zu seiner Arbeit im Hinblick auf die Kommissionierzeiten bzw. die Kommissionierleistung?

4. Wovon hängt die Kommissionierleistung **nicht** ab?

a) von der Kommissioniermethode ☐
b) von den eingesetzten Fördermitteln ☐
c) vom Kommissioniersystem ☐
d) vom Auftragsumfang ☐
e) vom Wert der Güter ☐

5. Wie viele Positionen schafft ein Kommissionierer pro Stunde, wenn er im Durchschnitt für eine Position 120 Sekunden benötigt? (Nehmen Sie die Formel zur Messung der Kommissionierleistung zur Hilfe.)

6. Ermitteln Sie folgende Kennzahlen.

a) Wie hoch sind die Kommissionierkosten pro Position, wenn die Betriebskosten pro Stunde 550,00 € betragen und mit einer Kommissionierleistung von 3 850 Positionen pro Stunde gerechnet werden kann?

b) Wie hoch ist die durchschnittliche Anzahl der Kommissionierpositionen pro Auftrag, wenn insgesamt 12 864 Positionen bei 2 360 Aufträgen kommissioniert wurden?

c) Wie hoch ist die Fehlerquote eines Kommissionierers in Prozent, wenn bei insgesamt 1375 Kommissionierungen 22 Fehler passiert sind?

d) Wie hoch sind die Kommissionierkosten pro Auftrag, wenn bei 3482 Kommissionieraufträgen mit Gesamtkosten in Höhe von 86 435,00 € gerechnet wird?

7. Unter welchen Umständen bekommen die Kennzahlen zur Beurteilung der Kommissionierleistung eine Aussagekraft?

Arbeitsblatt 4: Kommissionierfehler

1. a) Nennen Sie mögliche Ursachen von Kommissionierfehlern.

b) Nennen Sie mögliche Folgen von fehlerhaftem Kommissionieren.

c) Nennen Sie betriebliche Maßnahmen zur Vermeidung von Kommissionierfehlern.

Praktische Übung

Übung 1: Einen Kundenauftrag kommissionieren

Situation

Sie sind als Fachkraft für Lagerlogistik im Bereich Kommissionierung eines großen Teile- und Zubehörlagers beschäftigt und sollen einen Kundenauftrag kommissionieren.
Die zu kommissionierenden Teile befinden sich an folgenden Lagerorten (Location):

A1/1	A5/1	A7/4	A10/1	A2/1	A6/5
A7/5	A10/4	A2/3	A6/9	A7/8	A10/5
A3/4	A6/12	A9/1	A10/8	A4/2	A7/1
A9/2	A10/13				

Aufgaben

1. Beschreiben Sie in Stichworten die Vorgehensweise bei der Kommissionierung von Waren im Kommissioniersystem „Statische Bereitstellung" und bestimmen Sie jeweils die entsprechende Kommissionierzeit.

Vorgehensweise	Kommissionierzeit
Übernahme des Kommissionierauftrages	Basiszeit

2. Welche Kommissioniermethode ist hier zur Anwendung gekommen?

___

3. Bringen Sie die oben genannten Positionen in die Reihenfolge mit dem kürzesten Kommissionierweg, kreuzen Sie die jeweiligen Lagerorte auf dem abgebildeten Lagerplan (siehe Seite 111) an und zeichnen Sie den zurückzulegenden Weg ein (beginnen Sie mit A1).

4. Erklären Sie, wie mithilfe der sogenannten „Stichgangsstrategie" der Kommissionierweg verkürzt werden kann.

___

___

___

___

Lagerplan

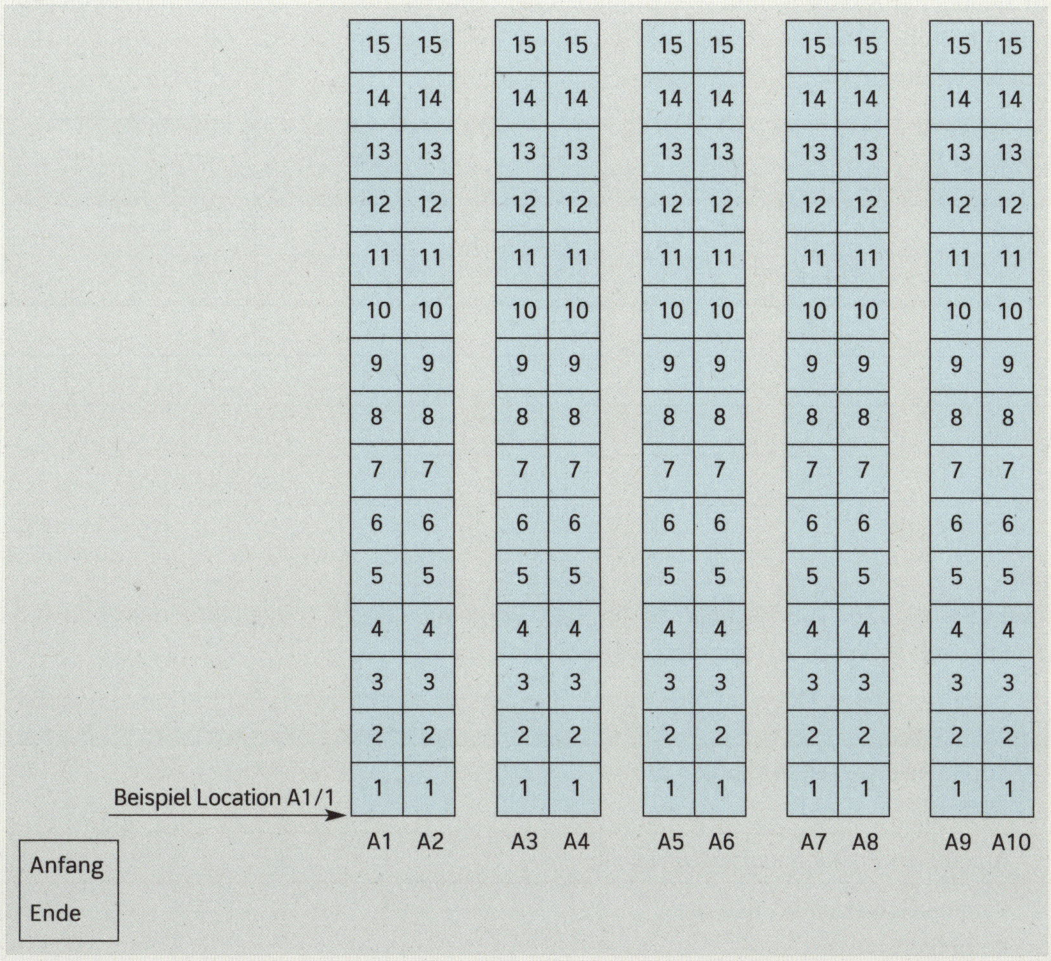

Praktische Übung

Übung 2: Kommissionierleistungen ermitteln und verbessern

Situation

Sie sind als Fachkraft für Lagerlogistik bei einem Großhandelsbetrieb für Bürobedarf beschäftigt. Seit dem letzten Jahr ist das Auftragsvolumen stark gewachsen. Im letzten Halbjahr gab es zunehmend Beschwerden Ihrer Kunden über schleppende Bearbeitung der Aufträge und Falschlieferungen. Ihnen liegt die unten stehende Statistik über die Entwicklung der Kommissionierung im ersten Halbjahr vor. Sie wurden beauftragt, diese Statistik auszuwerten und Vorschläge für eine Verbesserung der Kommissionierleistung zu machen.

Monate	Kommissionierte		Monatliche Arbeitsstunden	Anzahl Kommissionierer	Fehlerhafte Positionen
	Aufträge	**Positionen**			
Jan.	2900	116000	800	5	352
Febr.	3000	108000	760	5	334
März	4250	170000	1240	8	650
April	4200	159600	1160	8	586
Mai	4400	162800	1320	8	887
Juni	5050	196950	1580	10	1193

Nachdem Sie in einer Fachzeitschrift eine Statistik über branchenübliche Kommissionierzeiten pro Auftrag gesehen hatten, haben Sie im Monat Mai in Ihrem Betrieb entsprechende Zahlen ermitteln lassen. Das Ergebnis liegt Ihnen vor:

Kommissionierzeiten (Minuten)	Branche	Eigener Betrieb	Abweichungen +/–
Basiszeit	4	4	0
Wegzeit	9	11	+ 2
Greifzeit	3	3	0
Totzeit	2	2	0
Verteilzeit	1	3	+ 2
Summe	19	23	+ 4

Aufgaben

1. Ermitteln Sie folgende Durchschnittszahlen (ggf. Rundung auf eine Stelle hinter dem Komma) und tragen Sie die Ergebnisse in folgende Tabelle ein.

		Jan.	Febr.	März	April	Mai	Juni
a)	Kommissionierzeit in Minuten pro Auftrag						
b)	Anzahl der Positionen pro Auftrag						
c)	kommissionierte Aufträge pro Kommissionierer						
d)	kommissionierte Positionen pro Kommissionierer						
e)	Fehlerquote in Prozent						

2. Interpretieren Sie die Ergebnisse.

3. Worin könnten die Ursachen für diese Entwicklung zu finden sein?

4. Welche Maßnahmen schlagen Sie zur Verbesserung der Kommissionierleistung vor?

5. Bisher wurde nach der auftragsorientierten, seriellen Methode bei statischer Bereitstellung der Artikel kommissioniert. Um eventuell auf eine andere Methode und ein anderes System umstellen zu können, ist es wichtig, sich die Vor- und Nachteile der bisherigen Methode sowie einer möglichen Alternativmethode klarzumachen.
Füllen Sie die Tabelle entsprechend aus.

Methoden/System	Vorteile	Nachteile
Statische Bereitstellung		
Dynamische Bereitstellung		
Auftragsorientierte serielle Kommissionierung		
Serienorientierte parallele Kommissionierung		

Praktische Übung

Übung 3: Die Lieferbereitschaft prüfen

Situation

Die Firma Sportartikelgroßhandel Brinkmann GmbH in Frankfurt hat von der Firma Funsport GmbH in Stuttgart eine Bestellung erhalten (siehe Bestellbrief auf Seite 116). Mit der Firma Funsport bestehen jahrelange gute Geschäftsbeziehungen. Bevor der Auftrag bestätigt werden kann, sollen Sie anhand der Lagerbestände der infrage kommenden Artikel überprüfen, ob die Lieferung in der 21. Kalenderwoche (KW) erfolgen kann.

Aufgaben

1. Prüfen Sie anhand der Lagerdatei auf Seite 117 die Lieferbereitschaft.
   Beschreiben und erläutern Sie Ihre Vorgehensweise.

Artikel-Nr.	Prüfung der Lieferbereitschaft	Neuer Bestand
987612		
565898		
123987		
687869		

2. Wie lässt sich allgemein Lieferbereitschaft definieren bzw. berechnen?

3. Beschreiben Sie die weiteren Arbeitsschritte bei der Abwicklung dieses Auftrages.

Funsport
GmbH

Reiherstraße 12
70188 Stuttgart

Funsport GmbH, Reiherstraße 12, 70188 Stuttgart

Sportartikelgroßhandel
Brinkmann GmbH
Postfach 1257
60385 Frankfurt

Ihr Zeichen, Ihre Nachricht vom	Unser Zeichen, unsere Nachricht vom	Telefon	Datum
	Frau Maier	0711 264011	02.05.20..

BESTELLUNG

Sehr geehrte Damen, sehr geehrte Herren,

Bitte liefern Sie uns zu den üblichen Konditionen folgende Artikel:

Art.-Nr.	Artikelbezeichnung	Bestellmenge	Einzelpreis
987612	MAUI Skateboard mit Abec	50	99,00 €
565898	Mini-Stepper mit Computer	30	192,00 €
123987	Kinder-Inliner X. E. jr./Größe 38	12	89,00 €
681869	Skaterschuh Ramp/Größe 45	20	99,00 €

Die Lieferung soll in der 21. Kalenderwoche (21.–26. Mai 20..) erfolgen.

Mit freundlichen Grüßen

Funsport GmbH

Melanie Maier

Geschäftsführer:
Hein Heiner

Handelsregister:
Amtsgericht Stuttgart
HRB 8765

Bankverbindung:
Stadtsparkasse Stuttgart
IBAN: DE23 7025 0102 8765 4321 00
BIC: SSKSDEMM
Volksbank Heslach
IBAN: DE57 7016 0208 9876 5432 01
BIC: VOBADESS

Auszüge aus einer Lagerdatei

Artikelbezeichnung: Mini-Stepper mit Computer
Artikelnummer: 565898
Verpackungseinheit: Paket zu je ein Stück
Lieferant: Nippon Import AG, Krumme Lanke 10, 20188 Hamburg
Mindestbestand: 150 Stück
Meldebestand: 300 Stück
Beschaffungszeit: 6 Arbeitstage
Höchstbestand:

Datum	Zugänge	Abgänge	Bestand
05.04.	500	25	725
11.04.		100	625
12.04.		50	575
15.04.		150	425
17.04.		68	357
23.04.		33	324
29.04.		150	174
03.05.		25	149
05.05.		10	139

Artikelbezeichnung: MAUI Skateboard mit Abec
Artikelnummer: 987612
Verpackungseinheit: Paket zu je ein Stück
Nippon Import AG, Krumme Lanke 10, 20188 Hamburg
Mindestbestand: 100 Stück
Meldebestand: 200 Stück
Beschaffungszeit: 6 Arbeitstage
Höchstbestand:

Datum	Zugänge	Abgänge	Bestand
04.04.		23	316
07.04.		65	251
08.04.		30	221
12.04.	450	45	626
17.04.		67	559
29.04.		134	425
02.05.		98	327
04.05.		45	282
05.05.		23	259

Artikelbezeichnung: Inliner X. E. jr
Artikelnummer: 123987 Größe 38
Verpackungseinheit: Paket zu je ein Paar
Lieferant: Schuhfabrik Müller GmbH, Am Kapellenberg 245, 66955 Pirmasens
Mindestbestand: 30 Stück
Meldebestand: 90 Stück
Beschaffungszeit: 8 Arbeitstage
Höchstbestand:

Datum	Zugänge	Abgänge	Bestand
02.04.			120
05.04.	250	25	345
11.04.		45	300
12.04.		50	250
15.04.		15	235
22.04.		38	197
23.04.		33	164
29.04.		25	139
02.05.		20	119
03.05.		17	102
05.05.		10	92

Artikelbezeichnung: Skaterschuh Ramp
Artikelnummer: 687869 Größe 45
Verpackungseinheit: Paket zu je ein Paar
Schuhfabrik Müller GmbH, Am Kapellenberg 245, 66955 Pirmasens
Mindestbestand: 30 Stück
Meldebestand: 60 Stück
Beschaffungszeit: 8 Arbeitstage
Höchstbestand:

Datum	Zugänge	Abgänge	Bestand
05.04.			45
11.04.		10	35
12.04.		5	30
15.04.	150		180
17.04.		23	157
23.04.		13	144
29.04.		9	135
03.05.		32	103
05.05.		35	68

Lernfeld 6: Güter verpacken

Arbeitsblatt 1: Fachbegriffe im Verpackungsbereich

1. Ordnen Sie folgenden Beispielen entsprechende **Fachbegriffe** aus dem Verpackungswesen zu (es können auch mehrere Begriffe zutreffen).

Beispiel(e)	Fachbegriff(e)
Gitterbox (leer)	
Luftpolsterkissen	
Holz, Kunststoff	
Schachtel (leer)	
Inhalt einer Schachtel	
Joghurtbecher (leer)	
Klebeband, Schnur	
Holzkiste mit Ware	
Europalette	

2. **Ergänzen** Sie den Text (fehlenden Fachbegriff einsetzen).

   a) Packmittel + Packhilfsmittel = ____________________

   b) Packgut + Verpackung = ____________________

3. Wodurch unterscheiden sich die Begriffe

   a) Packmittel und Packstoff?

   ____

   ____

   b) Packmittel und Packhilfsmittel?

   ____

   ____

   c) Packgut und Packstück?

   ____

   ____

Arbeitsblatt 2: Funktionen der Verpackung

1. Tragen Sie in die Umrandung jeweils eine Funktion der Verpackung **(farbig)** ein und erklären Sie darunter die jeweilige Funktion kurz in eigenen Worten.

Die wichtigsten Aufgaben der Verpackung

2. Ordnen Sie den folgenden Aussagen **jeweils eine Funktion** der Verpackung zu.

a) Gefährliche Güter müssen in besonders sicheren Packmitteln verpackt werden: ______

b) Die passende Verpackung ermöglicht die Selbstbedienung in Supermärkten: ______

c) Symbole auf der Verpackung weisen auf den richtigen Transport bzw. richtige Lagerung hin: ______

d) Ein Lkw lässt sich durch Verwendung von genormten Europaletten ohne Leerraum voll beladen: ______

e) Durch das Stapeln von Gitterboxen kann der Lagerraum optimal genutzt werden: ______

f) Durch Verwendung einer geeigneten Verpackung kommt die Ware unbeschädigt beim Empfänger an: ______

Arbeitsblatt 3: Beanspruchungen der Verpackung

1. Welche Beanspruchungen durch Kräfte können auf Packstücke einwirken? Nennen Sie vier.

(1) ______________________ (3) ______________________

(2) ______________________ (4) ______________________

2. Welcher **mechanischen** Beanspruchung (Beanspruchung durch Kräfte) wird durch folgende Vorsorgemaßnahme jeweils vorgebeugt?

a) Packstücke werden auf der Lkw-Ladefläche durch Holzkeile gesichert.	
b) Schwere Packstücke werden unten, leichtere darüber gelagert.	
c) Im Lager sind die Fahrwege (für Stapler usw.) breit und übersichtlich.	
d) Empfindliche Ware wird in Gitterboxen gelagert/gestapelt.	
e) Die Paletten haben luftgefederte Dämpfungselemente an den Füßen.	
f) Die Schachteln auf einer Flachpalette werden für den Transport mit Stretchfolie umwickelt.	
g) Packstücke werden auf der Lkw-Ladefläche mit Spanngurten festgezurrt.	

3. Wodurch kann die **Schubwirkung** beim Transport von Packstücken auf einem Lkw verursacht werden? Nennen Sie zwei Möglichkeiten.

(1) ____

(2) ____

4. Von welchen **Faktoren** hängt die Beschädigung der Ware ab, wenn ein Packstück zu Boden fällt? Nennen Sie zwei.

(1) ____

(2) ____

5. Durch welche Maßnahmen kann – im Zusammenhang mit der Verpackung – gegen die **Gefahr des Diebstahls** vorgebeugt werden? Nennen Sie zwei.

(1) ____

(2) ____

6. Wie kann man das Packgut verpackungstechnisch vor **Druck** schützen? Nennen Sie eine Möglichkeit.

____

Arbeitsblatt 4: Vorsichtsmarkierungen auf der Verpackung

1. Geben Sie für folgende Symbole die jeweilige Bezeichnung bzw. den Titel an.

a) 

b) 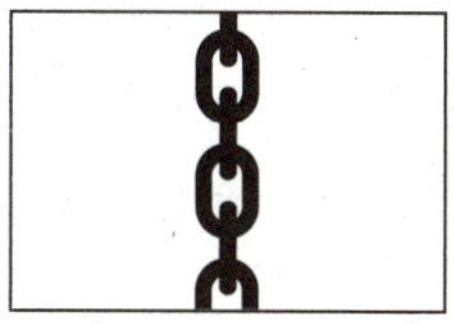

c) 

d) 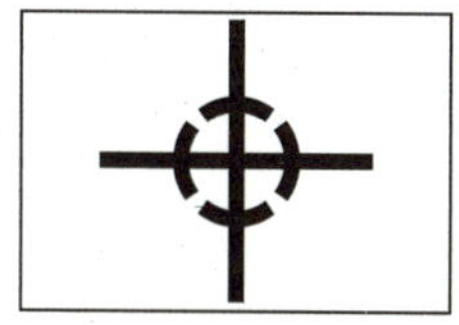

e) 

f) 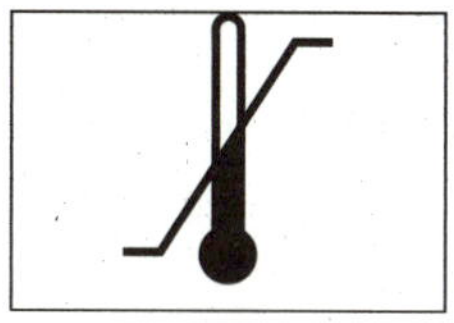

g) 

h) 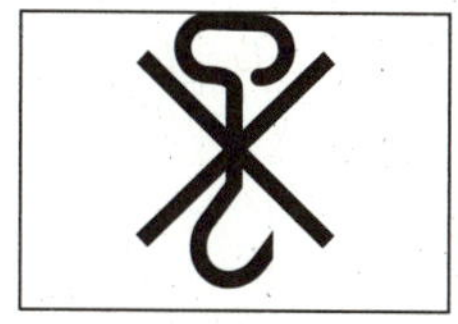

2. Zeichnen Sie für folgende Hinweise die entsprechenden **Symbole**.

a) oben

b) vor Nässe schützen

c) zerbrechliches Gut

d) vor Hitze schützen

3. Auch bei der Verpackung setzen sich immer mehr internationale (vor allem englische) Begriffe durch. Was bedeuten folgende Begriffe auf **Deutsch**?

a) keep upright

b) lift here

c) net weight

d) this side up

e) sling here

f) liquids

g) don‘t stack

4. Übersetzen Sie folgende Begriffe in die englische Sprache.

a) trocken aufbewahren

b) Vorsicht

c) Bruttogewicht

d) zerbrechlich

Arbeitsblatt 5: Packmittel aus Holz bzw. Pappe

1. Welche **Vorteile** bieten Packmittel aus Holz? Nennen Sie zwei.

(1) ______________________________

(2) ______________________________

2. Welches **Packmittel aus Holz** empfehlen Sie für folgende Packgüter?

a) zerbrechliche Ware (z. B. Glas, Porzellan):

____

b) stapelbare, unempfindliche Ware (z. B. Betonsteine):

____

c) sehr schwere, große (sperrige) Maschine:

____

d) Ersatzteile (Packmittel sollen nach dem Gebrauch an den Versender zurückgegeben werden):

____

3. a) Welcher Unterschied besteht zwischen KARTON und SCHACHTEL?

Karton: ______________________________

Schachtel: ______________________________

b) Welche **Packstoffe** können zur Herstellung einer Schachtel verwendet werden?

(1) ______________________________

(2) ______________________________

(3) ______________________________

c) Welche **Vorteile** bietet Wellpappe gegenüber Vollpappe? Nennen Sie zwei.

(1) ______________________________

(2) ______________________________

d) Skizzieren Sie eine mehrseitig beklebte, zweiwellige Wellpappe mit unterschiedlich hohen Wellen.

Skizze:

4. Welches **Packmittel aus Karton/Pappe** empfehlen Sie für folgende Packgüter?

a) ein Drucker für den PC: ____________________

b) große Menge leichtes Isoliermaterial (aus Styropor): ____________________

c) ein Handy: ____________________

5. Nennen Sie drei **Vorteile** von Packmitteln aus Karton/Pappe.

(1) ____________________

(2) ____________________

(3) ____________________

Arbeitsblatt 6: Packmittel aus Kunststoff bzw. Metall

1. Nennen Sie Begriffe, die für Packmittel aus Metall/Kunststoff verwendet werden können.

____

2. Welcher der folgenden Verpackungsbegriffe trifft auf die Transportbehälter aus Kunststoff zu? (**R** für richtig oder **F** für falsch eintragen)

a) ________ Packstück

b) ________ Mehrwegverpackung

c) ________ Verkaufsverpackung

d) ________ Versandverpackung

e) ________ Packhilfsmittel

f) ________ Packgut

g) ________ Packstoff

h) ________ Packmittel

3. Welcher Kunststoffbehälter ist mit der folgenden Umschreibung jeweils gemeint?

a) Behälter, dessen Maße auf eine Europalette abgestimmt sind

____

b) Behälter, die im leeren Zustand durch Drehung ineinandergestellt werden können

____

c) Behälter, die ähnlich wie eine leere Schachtel zusammengelegt werden können

____

d) Behälter, die sowohl leer als auch befüllt nur übereinandergestellt werden können

____

4. a) Welche Größe kann eine (modulare) Eurobox maximal haben, damit acht Behälter genau auf eine Euroflachpalette (in einer Ebene) gestellt werden können?
Skizzieren Sie die Palette, zeichnen Sie acht Behälter ein und geben Sie anschließend die Maße an.

Skizze: (nicht maßstabsgetreu)

Maße der Box:

______________ cm

b) Überlegen Sie, welche Maße die **nächstkleineren Behälter** maximal haben dürfen (damit sie auf die unter a) errechneten Behälter passen).
Skizzieren Sie ggf. Ihre Überlegungen auf einem Notizblatt.

Maße: ______________________ cm

5. Blister- und Skinverpackungen sind ähnliche Verpackungen.

a) Was haben sie gemeinsam?

____

____

b) Wodurch unterscheiden sie sich?

____

____

Arbeitsblatt 7: Paletten

1. Wie bezeichnet man folgende Palettenarten?

Beschreibung	Bezeichnung
a) Palette mit einem Aufbau aus Baustahlgitter	
b) Palette, die von allen vier Seiten unterfahrbar ist	
c) Palette, die genormte Maße hat	
d) Holzpalette ohne Aufbau	
e) Palette mit Stützen an den vier Ecken	

2. Bei der Beladung von Flachpaletten hat man im Allgemeinen die Wahl zwischen **zwei verschiedenen Stapelmöglichkeiten**. Stellen Sie diese beiden Möglichkeiten einander gegenüber.

a) Skizzieren Sie jeweils die Stapelung von rechteckigen, länglichen Schachteln auf der Palette (vier Lagen).

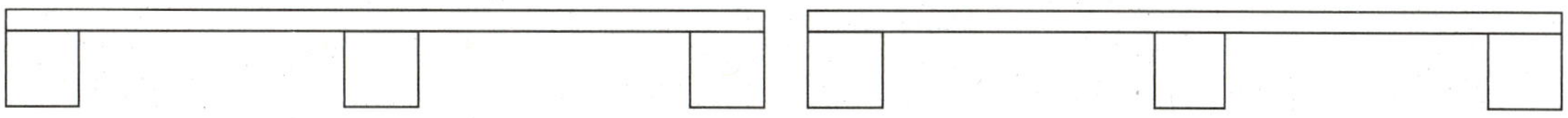

b) Bezeichnen Sie die beiden Stapelarten.

______________________ ______________________

c) Nennen Sie jeweils einen Vorteil der beiden Stapelarten.

______________________ ______________________

______________________ ______________________

3. Maße der Euroflachpalette:

a) Welche Maße hat eine Euroflachpalette in mm (L × B × H)? ______________________

b) Welches Ladevolumen in Kubikmetern hat eine Euroflachpalette, wenn sie 0,85 m hoch beladen wird?

Berechnung: ______________________ Volumen: ________ m^3

c) Wie viele Quadratmeter Lagerfläche werden für 46 Euroflachpaletten benötigt, wenn jeweils vier Paletten übereinandergestapelt werden?

____

____

4. Welche **Kennzeichnung** enthält eine neue Euroflachpalette

a) am linken Klotz? ______________________

b) am mittleren Klotz? ______________________

____

____

c) am rechten Klotz? ______________________

5. Wodurch kann das Packgut auf einer Flachpalette gesichert werden, damit die Ware gefahrlos transportiert werden kann? Nennen Sie drei Möglichkeiten.

(1) ____________________

(2) ____________________

(3) ____________________

6. Die **Eurogitterboxpalette** hat einen großen Stellenwert beim Transport und Lagern von Gütern.

a) Welche **Innen**-Maße hat eine Palette in cm? L × B × H: ____________________

b) Welches Gewicht kann eine Palette max. aufnehmen? ________ kg

c) Wie viele Schachteln mit den Maßen 40 × 40 × 40 cm passen max. in eine Palette? ________

7. Nennen Sie drei **Vorteile**, die Paletten (ganz allgemein) beim Lagern und Versenden bieten.

(1) ____________________

(2) ____________________

(3) ____________________

8. **Zeichnen Sie** einen Ladeplan für eine maximale Beladung eines Lkw, der mit Euroflachpaletten ungestapelt beladen wird. Empfohlener Maßstab: 1 : 50.
Maße der Lkw-Ladefläche: Länge: 7,50 m; Breite: 2,50 m
Hinweis: Vorher die Länge/Breite des Lkw sowie der Paletten in der Zeichnung ermitteln.

Zusatzaufgabe:
Ermitteln Sie, wie viele cm auf dem Lkw in der Länge frei bleiben.

____

Arbeitsblatt 8: Container

1. Wie bezeichnet man folgende **Containerarten**?

a) Container, der weltweit einheitlich genormt ist: ______________________

b) Geschlossener Container mit Türen an einer Stirnseite: ______________________

c) Geschlossener Container mit Füllöffnungen für Schüttgut: ______________________

d) Container mit abnehmbarem Stahldach: ______________________

e) Container für Transporte auf dem Landweg (nicht auf See): ______________________

2. Containergrößen:

a) In welcher **Maßeinheit** werden Frachtcontainer in der Größe festgelegt?

Maßeinheit: __________ dies entspricht __________ cm oder __________ mm

b) Wie lang **(Außenlänge)** sind die beiden gängigen ISO-Container und **wie viel** entspricht dies in m?

(1) ______________________ (2) ______________________

3. Berechnen Sie, wie viele Paletten jeweils maximal in folgende **ISO-Standardcontainer** passen.
Die Containermaße entnehmen Sie der Tabelle im Buch. Containerhöhe: jeweils 8,5'.
Alle Paletten sind stapelbar.
Empfehlung: Erstellen Sie eine Skizze für die Anordnung der Paletten auf einem Notizblatt.

	Container-größe	Palettenart und -größe	Palettenanzahl (mit Berechnung)
a)	20'	Eurogitterboxpalette Außenmaße 1 240 × 835 × 970 mm	
b)	40'	Euroflachpalette (1 200 × 800 × 144 mm) Höhe der Ladung auf der Palette: 80 cm	
c)	40'	Containerpalette (Pressholz) Palettenmaß: (L × B × H): 1 140 × 1 140 × 150 mm Höhe der Ladung auf der Palette: 60 cm	

4. Welchen **ISO-Container (Typ, Bauart)** empfehlen Sie für folgendes Packgut?

a) Computer (verpackt in Schachteln) auf Paletten: ______________________________

b) unempfindliches Packgut mit einer Überbreite: ______________________________

c) offenes Obst in Kunststoffboxen: ______________________________

d) frischer Fisch in Kunststoffboxen: ______________________________

e) Packgut, das wegen des Gewichtes nur mit einem Kran in den Container verladen werden kann: ______________________________

5. Ihr Ausbildungsbetrieb hat Interesse am Transport von Gütern mit Container.
Informieren Sie sich im **Internet** über mögliche Angebote (Kauf oder Miete von Containern) und erstellen Sie daraufhin eine (fiktive) **Anfrage** bei einem dieser Anbieter mit einem entsprechenden Textverarbeitungsprogramm. Beachten Sie dabei auch die Formvorschriften für den Geschäftsbrief.

Arbeitsblatt 9: Packhilfsmittel

1. Man unterscheidet verschiedene Arten von **Packhilfsmitteln**.
Ordnen Sie die angegebenen Beispiele jeweils einer bestimmten Art von Packhilfsmitteln zu.

Beispiel	Art des Packhilfsmittels (Schutzmittel oder Verschließmittel oder Kennzeichnungsmittel)
Rollenwellpappe	
Klebeband	
Ölpapier	
Gefahrenetiketten	
Luftpolsterkissen	
Kippindikator	
Kantenschutzstreifen	
Trockenmittel	
Umreifungsband	
Styroporchips	
Stretchfolie	

2. Nennen Sie jeweils ein geeignetes Packhilfsmittel für den Schutz gegen

a) Druck: ______________________________

b) Rost: ______________________________

3. Welches Schutz-/Füllmittel ist bei den folgenden Packgütern am geeignetsten?

Packgut	Schutzmittel/Füllmittel
Computer	
Porzellan	
Bücher	
Glasscheiben	

4. Wodurch unterscheiden sich **Schrumpfen und Stretchen** jeweils bei der Folie und bei der Verarbeitung?

Schrumpfen: ______________________________

____

____

Stretchen: ______________________________

____

____

5. Was sollen Transportindikatoren allgemein bewirken?

____

____

Arbeitsblatt 10: Verpackungen für gefährliche Stoffe/Güter

1. Ordnen Sie die folgenden Beispiele von gefährlichen Stoffen/Gütern den entsprechenden Klassen zu.

Beispiel	Nummer der Gefahrgut-Klasse	Kurze Beschreibung der Gefahr/Klasse
Munition		
Benzin		
Schwefelsäure		
Uran		
Feuerwerkskörper		
Wasserstoff		
Düngemittel		
Haarspray		

2. Sie erhalten den Auftrag, **Lackdosen** (entzündbarer, flüssiger Stoff) zu verpacken.

a) Um welche Klasse von gefährlichen Stoffen handelt es sich dabei? ______

b) Mit welchem Gefahrgutzettel müssen Sie ein solches Packstück kennzeichnen?

Beschreiben und skizzieren Sie das Symbol.

Beschreibung (Farbe, Form, Symbol): **Skizze (farbig):**

____

____

3. Ein **sehr gefährliches** Packgut ist entsprechend zu verpacken.

a) Welche Verpackungsgruppe ist dafür auszuwählen? ______

b) Welche Kennzeichnung (Buchstabe) muss diese Verpackung aufweisen? ______

4. Packmittel für gefährliche Güter müssen eine UN-Codierung (Zulassung) aufweisen.

a) Welche Bedeutung haben die ersten Zeichen nach den Buchstaben „UN"?

____

b) Welche Bedeutung haben die letzten Zeichen (am Ende)?

____

5. Ein Packmittel trägt die Codierung **„1H2"**. Um welches Packmittel handelt es sich?

1: ______________ H: ______________ 2: ______________

6. Welcher Gefahrgutklasse ist dieses Symbol zuzuordnen?

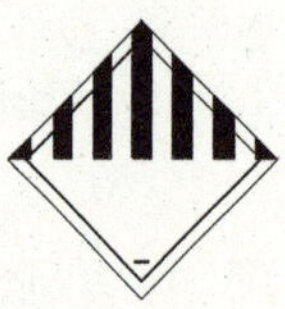

Gefahrgutklasse: ______

Arbeitsblatt 11: Tätigkeiten beim Verpacken

1. Welche hilfreichen **Geräte** benötigt man, um rationell verpacken zu können? Nennen Sie vier Beispiele.

(1) ______________________________

(2) ______________________________

(3) ______________________________

(4) ______________________________

2. Ergänzen Sie folgende Lücken.

a) Packmittel + Packhilfsmittel = ______________________________

b) Einen Arbeitstisch zum manuellen Verpacken bezeichnet man als ______________________.

3. Bringen Sie die folgenden Schritte beim Verpacken in die **richtige Reihenfolge**, indem Sie jeweils dahinter die richtige Nummer des Schrittes (1–7) eintragen.

a) Verschließen des Packmittels	☐
b) Auswahl des geeigneten Packmittels	☐
c) Anbringen der Etiketten und der Adresse	☐
d) Zusammenstellen des Packguts	☐
e) Einpacken des Packguts in das Packmittel	☐
f) Bereitstellung zum Versand	☐
g) Ausfüllen des Packmittels mit Schutz-/Füllmittel	☐

4. Bezeichnen Sie die abgebildeten Geräte bzw. Maschinen, die beim Verpacken zum Einsatz kommen.

a)

____

____

b)

____

____

c)

____

____

d)

____

____

e)
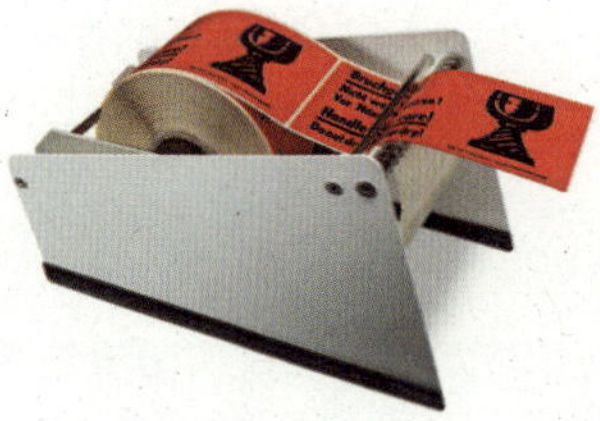
____

____

f)
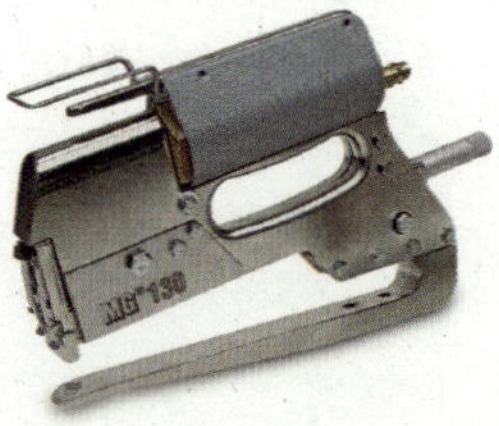
____

____

Mit freundlicher Genehmigung der Ratioform Verpackungen GmbH (Abbildungen 1–2 und 4–6) und der Strapex GmbH (Abbildung 3)

Arbeitsblatt 12: Kosten der Verpackung

1. Wer (Käufer oder Verkäufer) hat folgende Kostenarten der Verpackung zu tragen?

a) Verkaufsverpackung b) Umverpackung c) Versandverpackung

______________ ______________ ______________

2. Bei der Verpackung lassen sich die Kosten in mehrere Gruppen unterteilen.
Ordnen Sie folgende Beispiele einer der folgenden Kostenarten zu.
Kostenarten: Geräte- und Maschinenkosten, Materialkosten, Lohnkosten

	Beispiel	Kostenart
a)	Anschaffungskosten für Einwegpaletten	
b)	Kosten für Mitarbeiter, die gebrauchte Packmittel entsorgen	
c)	Containermiete zur Entsorgung von Packmitteln	
d)	Kosten für zwei Arbeitskräfte im Packraum	
e)	Anschaffungskosten für einen neuen Packtisch	
f)	Reparaturkosten für eine automatische Abfüllanlage	
g)	Anschaffungskosten für Umreifungsbänder	

3. In einem Angebot steht: „Der Preis je Kilogramm beträgt 5,40 €."
Mit welchem Gewicht muss dieser Preis multipliziert werden, um den Gesamtpreis zu erhalten, wenn

a) keine besonderen vertraglichen Vereinbarungen vorliegen? ______________

b) vertraglich „brutto für netto" vereinbart wurde? ______________

4. Ermitteln Sie die Gesamtkosten (ohne Mehrwertsteuer) für den **Käufer** bei folgenden Vorgaben:

- Preis der Ware: 12,50 € je Kilogramm Nettogewicht
- Nettogewicht der Ware: 244 kg
- Gewicht der Verpackung: 24 kg
- Kosten der Versandverpackung: 25,00 €

	Vertragliche Vereinbarung	Gesamtkosten für den Käufer (mit Rechenweg)
a)	brutto für netto	
b)	Preis einschließlich Verpackung	
c)	Preis ausschließlich Verpackung	

5. Wer (Käufer oder Verkäufer) hat zunächst die Kosten für die folgenden Beispiele zu tragen?

a) Einwegpaletten für den Warentransport zum Kunden: ______________

b) Blisterverpackung für Schrauben: ______________

c) Kosten für das Verpacken und Wiegen der Ware: ______________

Arbeitsblatt 13: Vermeidung und Entsorgung von Verpackungen

1. Wie heißen die beiden Gesetze, wodurch u. a. die umweltgerechte Herstellung und Entsorgung von Verpackungsmaterial geregelt wird?

____

____

2. Ergänzen Sie das Kreislaufschema (im Sinne des oben genannten Gesetzes).

Produktion → __________ → __________ → Produktion → ...

3. Welche fünf Rangfolgenstufen legt das Kreislaufwirtschaftsgesetz bei der Abfallbewirtschaftung fest?

(1) ______________________________

(2) ______________________________

(3) ______________________________

(4) ______________________________

(5) ______________________________

4. Ordnen Sie folgende Angaben jeweils einer Rangstufe nach Kreislaufwirtschaftsgesetz zu.

a) Euroflachpaletten werden oft getauscht.

____

b) Aus gebrauchten Schachteln wird Rollenwellpappe hergestellt.

____

c) Verpackungsabfall wird verbrannt und dabei Energie (Wärme) gewonnen.

____

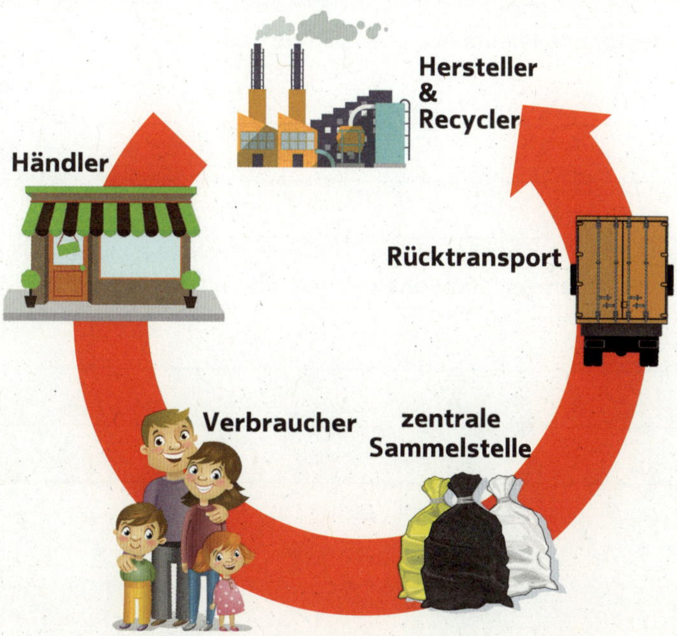

5. Wie bezeichnet man folgende Verpackungen mit dem Fachausdruck nach dem Verpackungsgesetz? Nennen Sie jeweils ein Beispiel dazu.

Erklärung	Fachbegriff	Beispiel
Verpackung, die als Verkaufseinheit (mit der Ware) angeboten wird und beim Endverbraucher anfällt	______________ ______________	______________ ______________
Verpackung, die als zusätzliche Verpackung (zur Verkaufsverpackung) verwendet wird	______________ ______________	______________ ______________
Verpackung, mit der die Beförderung der Ware erleichtert wird und sie vor Beschädigung auf dem Transport geschützt wird	______________ ______________	______________ ______________

6. Entsorgung von Verkaufsverpackungen:

a) Welches grundlegende Ziel hat das Verpackungsgesetz?

____

____

____

b) Wie wird die kostenlose Entsorgung von Verpackungsabfällen finanziert?

____

____

____

____

____

c) Welche Bedeutung hat heute noch der „Grüne Punkt"?

____

____

____

d) Für welche Verpackungen steht das Zeichen mit dem Schriftzug „RESY"?

____

____

____

7. Bei der Sammlung von Verpackungsabfällen werden in Deutschland zwei verschiedene Systeme angewandt.
Nennen Sie die beiden Systeme und erklären Sie das jeweilige System kurz in Stichpunkten.

Entsorgungssysteme

8. Geben Sie an, welche der folgenden Aussagen richtig (R) oder falsch (F) sind.

a) Die Entsorgungskosten für Verpackungsabfälle trägt indirekt und letztendlich der Käufer einer Ware. ☐

b) Mehrwegverpackungen dienen auch dem Umweltschutz. ☐

c) Altglas-Sammelcontainer sind ein Teil des Holsystems. ☐

d) Umverpackungen sind immer auch Mehrwegverpackungen. ☐

e) Neben dem „Duales System Deutschland" gibt es noch weitere Unternehmen, die Verpackungsabfall sammeln und verwerten. ☐

9. Informieren Sie sich im **Internet** über Sammelsysteme für Verpackungsabfälle in Deutschland. (Wäre das nicht zugleich ein Thema für ein Referat, eine Hausarbeit o. Ä.?)

Arbeitsblatt 14: Zusammenfassender Test zum Lernfeld „Güter verpacken“ in Rätselform

Angaben zum Rätsel:

(1) Verpackung, die mehrmals/oft verwendet wird
(2) mit Stapler unterfahrbares Packmittel
(3) Transportbehälter, dessen Maße in Fuß gemessen werden
(4) Packstoff, aus dem eine Schachtel hergestellt wird
(5) Stoff/Gut, von dem Gefahren ausgehen können
(6) zusammenlegbarer Behälter aus Alu oder Kunststoff
(7) Begriff, der fälschlicherweise auch für Schachtel verwendet wird
(8) genormte Palette, die getauscht werden kann
(9) Packhilfsmittel, das die Feuchtigkeit im Packmittel aufnehmen soll
(10) Verpackung, die nur einmal verwendet wird
(11) leichter, geschäumter Stoff, der als Füllstoff (größere Stücke) dient
(12) Beanspruchungsart bei der Verpackung
(13) auch Seecontainer genannt
(14) geschlossenes Packmittel aus Holz
(15) erste Stufe in der Rangfolge der Abfallhierarchie des Kreislaufwirtschaftsgesetzes
(16) Palette mit einem Aufbau aus Baustahlgitter
(17) um ein Packstück wird ein Stahl- oder Kunststoffband gezogen
(18) Ware, die verpackt werden soll
(19) Wiederverwertung

Die **Buchstaben in den fett umrandeten Kästchen** ergeben senkrecht **ein Wort aus dem Verpackungsbereich**. Trennungs-/Bindestrich = 1 Kästchen; Umlaute (ä, ö ...) sind nicht enthalten.

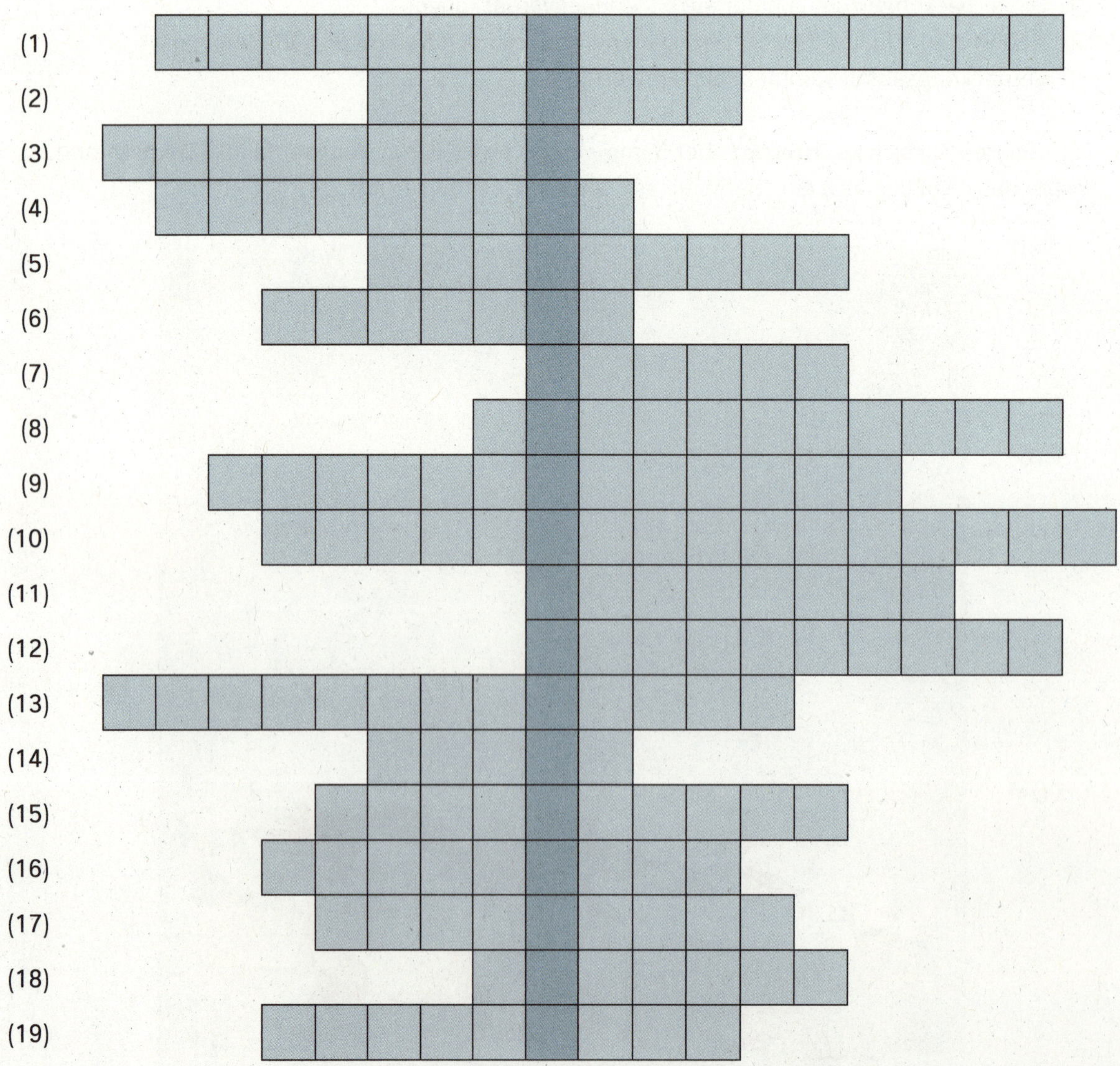

Lösungswort: ______________________________

Praktische Übung

Übung 1: Güter sicher und wirtschaftlich verpacken

Situation

In Ihrem Betrieb werden Sie beauftragt, bereits kommissionierte Packgüter unter Berücksichtigung von Sicherheit und Wirtschaftlichkeit zu verpacken und zu kennzeichnen.
Für das Verpacken stehen Ihnen die angegebenen Packmittel, Packhilfsmittel und Symbole zur Verfügung.

Auflistung der Packgüter:

Packgut	Maße (L × B × H in cm)	Gewicht	Anmerkung
Monitor	60 × 20 × 40	8 kg	bereits vorverpackt in Schachtel
Lack (in Dosen)	10 × 10 × 15	1 kg	feuergefährlich; aufrecht transportieren
Buch „Logistische Prozesse"	23 × 16 × 2	0,5 kg	darf nicht nass werden

Auflistung der Packmittel:

Packmittel	Maße (L × B × H in cm)
Eurogitterbox	120 × 80 × 80 (innen)
Euroflachpalette	120 × 80 × 14,5
Wellpappe-Schachtel 1	60 × 40 × 40
Wellpappe-Schachtel 2	40 × 30 × 30
Wellpappe-Schachtel 3	30 × 20 × 20

Auflistung der Packhilfsmittel:
- Luftpolsterkissen
- Rollenwellpappe
- Stretchfolie
- Styroporchips
- Klebeband
- Umreifungsband
- Zwischenlagen aus Karton in verschiedenen Größen
- Aufkleber für Symbole und gefährliche Güter

Auflistung der Symbole:
Es stehen alle Symbole für Vorsichtsmarkierungen auf Verpackungen sowie die Kennzeichen für gefährliche Güter aus dem Fachbuch „Logistische Prozesse", Lernfeld 6, zur Verfügung.

Arbeitsauftrag

Bearbeiten Sie die folgenden Aufträge, und zwar getrennt.
Wählen Sie jeweils das geeignete Packmittel sowie Packhilfsmittel aus und kennzeichnen Sie ggf. das Packstück.
Aufträge:
- Auftrag 1: 8 St. Monitore
- Auftrag 2: 20 Dosen Lack (Farbe)
- Auftrag 3: 10 St. Bücher

Auftrag 1 (Monitore):

Packmittel: Erste Möglichkeit: ______________________

Anordnung:
(Skizze)

Packhilfsmittel: ______________________

Packmittel: Zweite Möglichkeit: ______________________

Anordnung: ______________________

Packhilfsmittel: ______________________

____

____

____

Auftrag 2 (Lack):

Packmittel: ______________________

Begründung: ______________________

____

Anordnung:
(Skizze)

Packhilfsmittel: ______________________

____

____

____

____

Kennzeichnung: ______________________

Auftrag 3 (Bücher):

Packmittel: ______________________________

Anordnung:
(Skizze)

Packhilfsmittel: ______________________________

____

Kennzeichnung: ______________________________

Praktische Übung

Übung 2: Einen Container mit verschiedenen Packstücken beladen

Situation 1

In einem Betrieb sollen möglichst viele Luftfilter, die in Schachteln vorverpackt sind, mit einem Seecontainer nach Australien transportiert werden.

Als Packmittel stehen folgende Alternativen zur Verfügung:

Packmittel	Maße in cm (L × B × H)	Gewicht (in kg)
Eurogitterbox	120 × 80 × 80 (innen)	70
Euroflachpalette	120 × 80 × 14,5	22
Pressholzpalette (Einwegpalette)	114 × 114 × 15	14
Wellpappe-Boxen mit Kufen	120 × 115 × 115 (einschl. Kufen, Kufenhöhe = 15 cm)	10

Arbeitsauftrag 1

Beurteilen Sie die angegebenen Packmittel hinsichtlich ihrer Eignung für den geplanten Transport und entscheiden Sie sich für ein Packmittel.

Situation 2
Nach Rücksprache mit dem Vorgesetzten entscheiden Sie sich für die Wellpappe-Boxen.

Arbeitsauftrag 2
Sie sollen nun ermitteln, wie viele Luftfilter maximal in einen 40'-Seecontainer passen und welches Ladegewicht der Container (in Tonnen) aufnehmen muss.

Angaben:
- Maße der Luftfilter-Schachtel: 40 × 23 × 10 cm
- Gewichte: Luftfilter: 800 g; Filter-Schachtel (leer): 100 g
- Die Wellpappe-Boxen sind sehr stabil und stapelbar.

Containermaße:

Größe = Länge	Außenmaße			Innenmaße		
	Länge	**Breite**	**Höhe (8,5')**	**Länge**	**Breite**	**Höhe (8,5')**
40 Fuß	12,19 m	2,44 m	2,59 m	12,00 m	2,33 m	2,35 m
20 Fuß	6,06 m	2,44 m	2,59 m	5,87 m	2,33 m	2,35 m

Auftrag 1 (Beurteilung der verschiedenen Packmittel mit jeweils 2 Aspekten):

Eurogitterbox: ______________________________

____

Euroflachpal.: ______________________________

____

Pressholzpal.: ______________________________

____

Wellpappe-Box: ______________________________

____

Entscheidung (günstigstes Packmittel): ______________________________

Auftrag 2

a) Anzahl der Wellpappe-Boxen im Container:

b) Anzahl der Filterschachteln in einer Wellpappe-Box (ggf. mit Anordnungs-Zeichnung):

c) Gesamtzahl der Filterschachteln (aller Boxen):

d) Ladegewicht des Containers:

Lernfeld 7: Touren planen

Arbeitsblatt 1: Geografisches Grundwissen

1. Nennen Sie die Kontinente der Erde und geben Sie deren ungefähre Größe in Millionen Quadratkilometern an. Heute ist die Einteilung der Erde in sieben Kontinente üblich.

2. Ergänzen Sie die folgende Tabelle.

Land	Hauptstadt	Geografische Lage der Hauptstadt (ungefähre Angabe reicht aus)	Zeitzone
Schweden			
	Rom		
		38° 43' N, 9° 10' W	
	Chișinău		
		42° 42' N, 23° 19' O	
Ungarn			
	Ljubljana		
Irland			
		59° 55' N, 10° 45' O	

3. Ergänzen Sie die nachfolgende Tabelle mit den Daten für die Staaten, die an die Bundesrepublik Deutschland grenzen.

Land	Hauptstadt	Geografische Lage der Hauptstadt (ungefähre Angabe reicht aus)	Zeitzone

4. Ergänzen Sie die auf der nächsten Seite folgende Karte mit
- den Namen der Bundesländer,
- den Hauptstädten der Bundesländer und
- den Länderbezeichnungen der an die Bundesrepublik Deutschland grenzenden Länder (internationales Kfz-Kennzeichen).

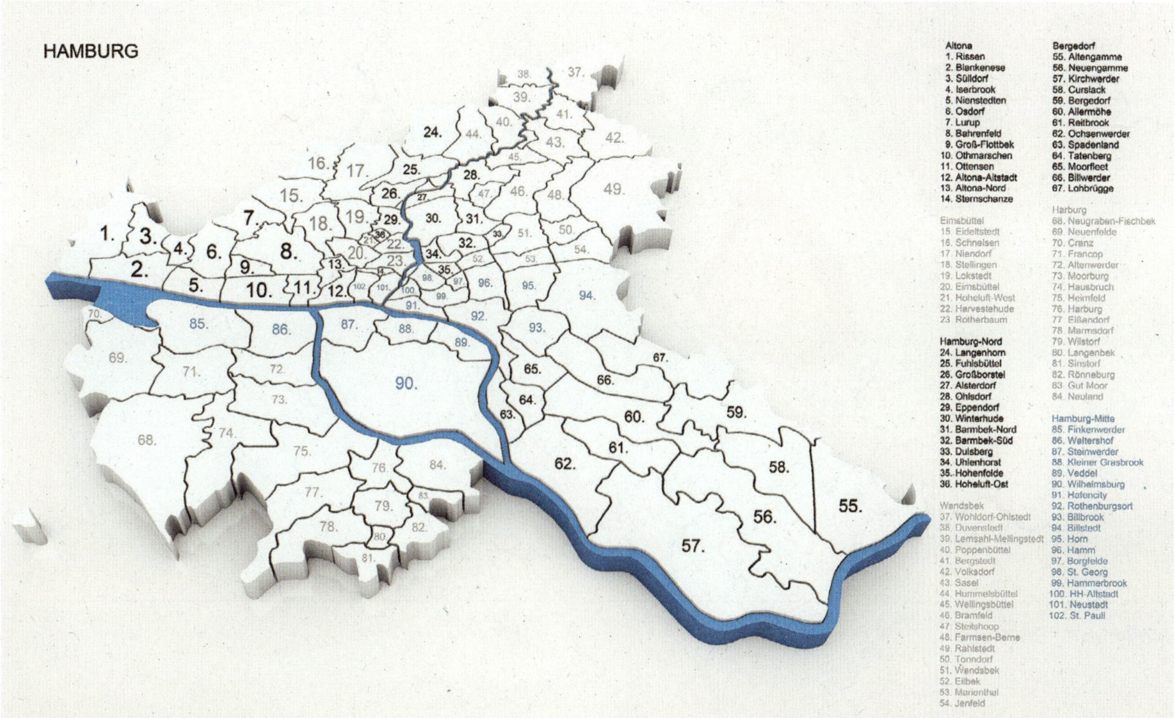

Ballungsraum Hamburg

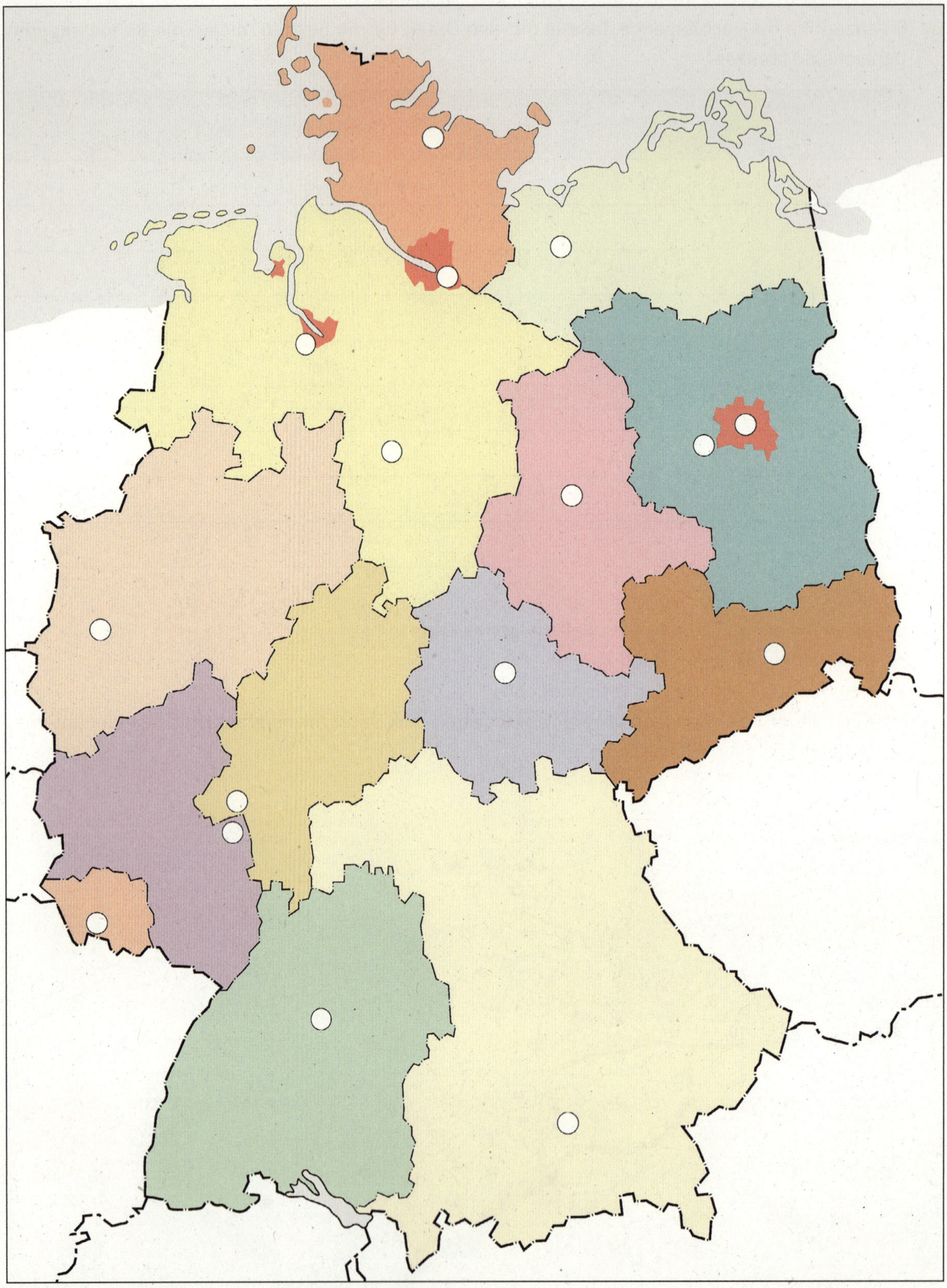

Maßstab 1 : 5 000 000

5. Ermitteln Sie anhand der abgebildeten Karte für fünf Hauptstädte von Bundesländern die Entfernung per Luftlinie zur Bundeshauptstadt.

Bundeshauptstadt	Hauptstadt Bundesland	Entfernung in km (ungefähr)

Erläutern Sie kurz, wie Sie zu Ihren Ergebnissen kamen.

Arbeitsblatt 2: Internationaler Handel, Wirtschaftszentren

1. Nennen Sie sechs Länder weltweit, mit denen die Bundesrepublik Deutschland in Handelsbeziehungen steht.

2. Lösen Sie das folgende Rätsel zu Wirtschaftszentren mithilfe des Lehrbuches.
Tragen Sie Ihre Lösungen in die Kästchen neben den Aufgabenstellungen ein. Die dunkel hinterlegten Felder ergeben von oben nach unten gelesen ein Lösungswort, das mit diesem Lernfeld in enger Verbindung steht.

a) Hafenstadt an der Mündung der Weser in die Nordsee
b) Der Regierungssitz des Freistaates Sachsen ist in ... .
c) sehr bekanntes Industriegebiet in Deutschland
d) Rhein, Main und ... begrenzen in Süddeutschland ein Logistikzentrum.
e) Flughafen in Berlin
f) Der Flughafen in Frankfurt ist nach diesem Fluss benannt.
g) Fluss durch München
h) Bundesland im Westen, das durch Schwerindustrie gekennzeichnet ist
i) In Wolfsburg werden ... gefertigt.
j) Ort für die Herstellung bzw. Reparatur von Schiffen und Flugzeugen
k) einer der bedeutendsten Eisenbahnknotenpunkte in Europa

a)
b)
c)
d)
e)
f)
g)
h)
i)
j)
k)

3. Ergänzen Sie die folgende Tabelle.
Bearbeiten Sie die dazugehörigen Seiten des Lehrbuchs und ordnen Sie den gegebenen Informationen die entsprechenden Länder, Erzeugnisse oder auch die geografische Lage zu.

Land	Europa	Welt	Erzeugnisse
____________	X		Wein, Käse
Spanien			____________
Australien, Neuseeland			____________
____________	X		Papier- und Möbelherstellung
____________		X	Erdöl
____________	X		Blumenzucht, Gemüseanbau
Italien			____________
Indien			____________

Arbeitsblatt 3: Verkehrswege innerhalb ausgewählter Wirtschaftszentren

1. Nennen Sie jeweils drei wichtige
   - Nord-Süd-Verbindungen und
   - West-Ost-Verbindungen

   innerhalb Europas. Betrachten Sie dabei auch verschiedene Verkehrsträger.

2. In New Orleans (USA) wurden 200 t Saatgut bereitgestellt. Der Empfänger in Cincinnati (USA) erwartet die Lieferung des Saatgutes per Binnenschiff.
Welchen Weg sollte der Schiffsführer nehmen? Formulieren Sie Ihre Antwort in ganzen Sätzen.

3. Wie würden Sie dieses Saatgut von Kapstadt nach Pretoria (beide in Südafrika) transportieren? Begründen Sie Ihre Entscheidung.

Arbeitsblatt 4: Auswahl der geeigneten Verkehrsmittel

1. Erläutern Sie drei Kriterien für die Wahl des geeigneten Verkehrsmittels/der geeigneten Verkehrsmittel zum Transport von Stückgut von Mecklenburg-Vorpommern nach Bayern (Entfernung ca. 900 km).

Situationsaufgabe:
In der LogServ KG mit Sitz in Frankfurt/Main sind Sie in der Abteilung Versand tätig. Entscheiden Sie sich für ein Verkehrsmittel (mit kurzer Begründung), wenn die EDV folgende Aufträge vorgibt:

a) Versand von drei Gitterbox-Paletten mit Maschinenersatzteilen nach Wiesbaden

b) Versand von wichtigen Dokumenten im Original für eine am übernächsten Tag in Tokio (Japan) stattfindende Konferenz

c) Versand von 500 t Eisenschrott nach Emden

______

______

______

Arbeitsblatt 5: Vorbereitung einer manuellen Tourenplanung

1. Geben Sie drei Kriterien an, die bei der Tourenplanung mit dem Lkw, neben der Routenplanung von Bedeutung sind.

______

______

______

______

______

2. Für die Routenplanung werden Landkarten (Kartenmaterial) mit verschiedenen Maßstäben verwendet. Sie messen eine **Entfernung von 4 cm** auf der jeweiligen Landkarte. Ergänzen Sie die fehlenden Felder in der abgebildeten Tabelle.

Art des Kartenmaterials	Verwendungszweck	Maßstab	Entfernung in der Natur in m
Übersichtskarten z. B. Europa		1 : 4 000 000	1 cm = 4 cm =
Straßenkarten		1 : 200 000	1 cm = 4 cm =
Durchfahrtspläne		1 : 100 000	1 cm = 4 cm =
Stadtpläne		1 : 20 000	1 cm = 4 cm =

3. Ermitteln Sie mit der Entfernungstabelle auf Seite 150 die Entfernungen für die folgenden Strecken in km.

Berlin – München ______

Frankfurt/ Oder – Frankfurt am Main ______

Görlitz – Mannheim ______

Flensburg – München ______

Hamburg – Barcelona ______

Minsk – Paris ______

Prag – Köln ______

Rom – Lissabon ______

4. Ermitteln Sie mit der Großkilometrierung zwischen deutschen Wirtschaftszentren auf Seite 152 die Entfernung der Teilstrecken in km. Tragen Sie ihre Ergebnisse oberhalb der Pfeile ein.

Tour 1: Flensburg ———→ Hamburg ———→ Lüneburg ———→ Braunschweig

Tour 2: Berlin ———→ Bayreuth ———→ Nürnberg ———→ München

Tour 3: Trier ⟶ Köln ⟶ Hannover ⟶ Greifswald

Tour 4: Würzburg ⟶ Ulm ⟶ Bregenz ⟶ Bern

Entfernungstabelle Deutschland & Europa (Angabe in Kilometern)

Internationale Entfernungstabelle

Die Entfernungstabelle Deutschland (gelb) und Europa (blau) können nur wie angegeben miteinander verknüpft werden.

Die rot markierten Städte ermöglichen die Berechnung von Entfernungen zwischen Orten in Deutschland und Europa (siehe Bsp.)	Amsterdam	Athen	Barcelona	Belgrad	Berlin	Bern	Brüssel	Budapest	Bukarest	Dublin	Frankfurt M.	Hamburg	Helsinki	Istanbul	Köln	Kopenhagen	Lissabon	London	Madrid	Minsk	Moskau	München	Oslo	Paris	Prag	Rom	Sofia	Stockholm	Warschau	Wien	Entfernungen Europa Orte aus Deutschlandtabelle in rot
Aachen		2950	1600	1800	650	950	200	1400	2220	950	450	450	1700	2700	260	800	2350	500	1800	1800	2500	850	1300	500	900	1700	2100	1450	1200	1150	Amsterdam
Basel	545		3200	1150	2400	2700	2900	1500	1150	3600	2500	2750	3650	1100	2700	2750	4500	3200	3800	2400	2900	2150	3450	2900	2050	900	750	3450	2200	1750	Athen
Berlin	650	875		2050	1900	950	1350	2000	2600	2000	1350	1750	3050	2950	1400	2100	1300	1500	650	2900	3600	1400	2650	1100	1750	1400	2400	2750	2500	1900	Barcelona
Bremen	370	775	400		1300	1450	1750	400	600	2500	1300	1700	2500	950	1500	1700	3350	2050	2670	1400	2200	950	2300	1800	900	1300	400	2300	1100	650	Belgrad
Dortmund	155	555	495	235		950	750	900	1700	1550	550	300	1250	2200	580	350	2900	1050	2350	1150	1850	590	950	1050	400	1550	1650	950	600	650	Berlin
Dresden	645	745	200	490	515		700	1150	1950	1250	400	950	2050	2300	600	1350	2200	1000	1550	2000	2700	450	1800	550	850	1000	1750	1900	1600	1000	Bern
Düsseldorf	90	550	560	285	70	580		1400	2200	800	450	600	1900	2650	250	950	2150	300	1550	1900	2600	800	1550	300	950	1550	2100	1650	1400	1150	Brüssel
Emden	375	845	520	140	305	620	290		800	2150	1000	1200	2250	1350	1150	1200	3300	1700	2600	1200	1900	700	1900	1550	500	1250	800	1900	700	250	Budapest
Erfurt	440	585	300	340	310	215	375	470		3000	1800	2000	2500	700	2000	2050	3950	2500	3200	1300	1800	1500	2850	2300	1350	1950	400	3150	1200	1050	Bukarest
Flensburg	625	980	450	275	490	660	540	400	520		1200	1350	2750	3500	1000	1700	2750	500	2200	2700	3400	1550	2250	900	1700	2350	2950	2500	2100	1900	Dublin
Frankfurt M.	255	335	550	445	225	460	225	520	260	650		500	1600	2250	200	800	2450	700	1900	1650	2350	400	1350	600	500	1300	1700	1500	1050	700	Frankfurt M.
Frankfurt O.	700	940	105	460	560	180	625	590	370	550	610		1050	2600	430	300	2800	900	2200	1450	2200	780	850	950	700	1750	2050	950	850	1100	Hamburg
Garm.-Patenk.	700	370	675	835	700	550	680	930	510	1020	480	740		3250	1600	850	3950	2100	3400	1250	1150	1850	750	2100	1550	2900	2950	200	1500	1850	Helsinki
Görlitz	750	840	220	575	610	105	680	700	320	690	560	170	650		2450	2650	4250	2950	3500	2000	2500	1900	3500	2700	1850	1600	550	3300	1850	1600	Istanbul
Hamburg	480	825	300	130	350	500	400	255	370	160	500	385	860	530		750	2400	550	1800	1550	2250	580	1150	500	700	1500	1900	1300	1150	900	Köln
Hannover	355	680	290	130	215	385	280	260	220	310	350	350	720	470	155		3100	1250	2500	1550	2250	1100	600	1250	750	2050	2100	650	900	1000	Kopenhagen
Kassel	310	525	385	285	165	350	235	390	150	470	200	450	560	450	310	170		2250	650	4000	4700	2700	3650	1850	3000	2700	3700	3800	3550	3050	Lissabon
Koblenz	165	405	600	410	190	510	145	425	310	670	120	660	550	610	520	390	250		1700	2150	2850	1100	1800	400	1200	1800	2400	1900	1650	1450	London
Köln	75	505	580	315	100	570	40	330	370	570	200	640	650	670	430	300	250	105		3500	4200	2050	3100	1250	2350	2050	3000	3200	3000	2450	Madrid
Leipzig	570	710	190	390	440	115	505	520	140	570	385	255	520	215	440	290	280	440	500		700	1600	2000	2150	1200	2450	1700	1400	550	1300	Minsk
Mannheim	290	270	615	515	300	530	280	600	330	725	85	680	410	630	570	430	270	150	250	460		2300	1900	2850	1900	3150	2150	1300	1250	2000	Moskau
München	650	390	590	750	605	460	610	840	420	930	400	650	90	560	780	630	470	490	580	430	350		1600	850	400	950	1350	1600	1050	450	München
Nürnberg	470	450	440	585	440	315	445	675	270	795	230	510	260	420	610	470	310	340	410	280	240	170		1800	1350	2600	2900	550	1400	1950	Oslo
Passau	690	580	630	800	660	465	655	890	460	980	440	700	280	570	820	680	520	550	620	470	440	190	220		1100	1450	2150	1950	1600	1250	Paris
Rostock	650	1000	230	300	515	440	570	425	490	285	740	325	870	470	180	330	560	690	600	380	810	780	630	820		1350	1300	1350	650	300	Prag
Saarbrücken	310	265	725	550	330	640	280	560	440	810	200	790	500	740	660	530	380	180	250	570	140	430	370	570	920		1050	2750	1850	1150	Rom
Salzburg	800	530	735	910	755	605	770	980	580	1080	540	800	180	540	920	780	625	660	720	570	510	150	320	120	940	600		2750	1450	1000	Sofia
Stuttgart	420	270	630	630	420	510	410	710	350	810	210	700	300	610	660	520	360	280	370	470	135	230	210	400	820	220	390		450	1900	Stockholm
Trier	160	325	715	480	260	635	200	500	430	735	190	780	580	730	590	460	340	140	180	560	180	500	420	620	760	100	700	300		700	Warschau
Wiesbaden	230	350	570	430	210	490	200	480	280	680	40	640	500	590	520	380	220	80	170	410	100	430	260	470	760	160	570	220	150		Wien
Entfernungen Deutschland Orte aus Europatabelle in rot	Aachen	Basel	Berlin	Bremen	Dortmund	Dresden	Düsseldorf	Emden	Erfurt	Flensburg	Frankfurt M.	Frankfurt O.	Garm.-Patenk.	Görlitz	Hamburg	Hannover	Kassel	Koblenz	Köln	Leipzig	Mannheim	München	Nürnberg	Passau	Rostock	Saarbrücken	Salzburg	Stuttgart	Trier	Wiesbaden	Beispiel: Berlin bis Dresden =200 km Berlin bis Prag =400 km Dresden bis Prag =400 km – 200 km

Quelle: Entfernungstabelle für Deutschland und Europa © online-stadtplan.de, BDP GmbH. In: www.online-stadtplan.de/entfernungstabelle.html [23.03.2018].

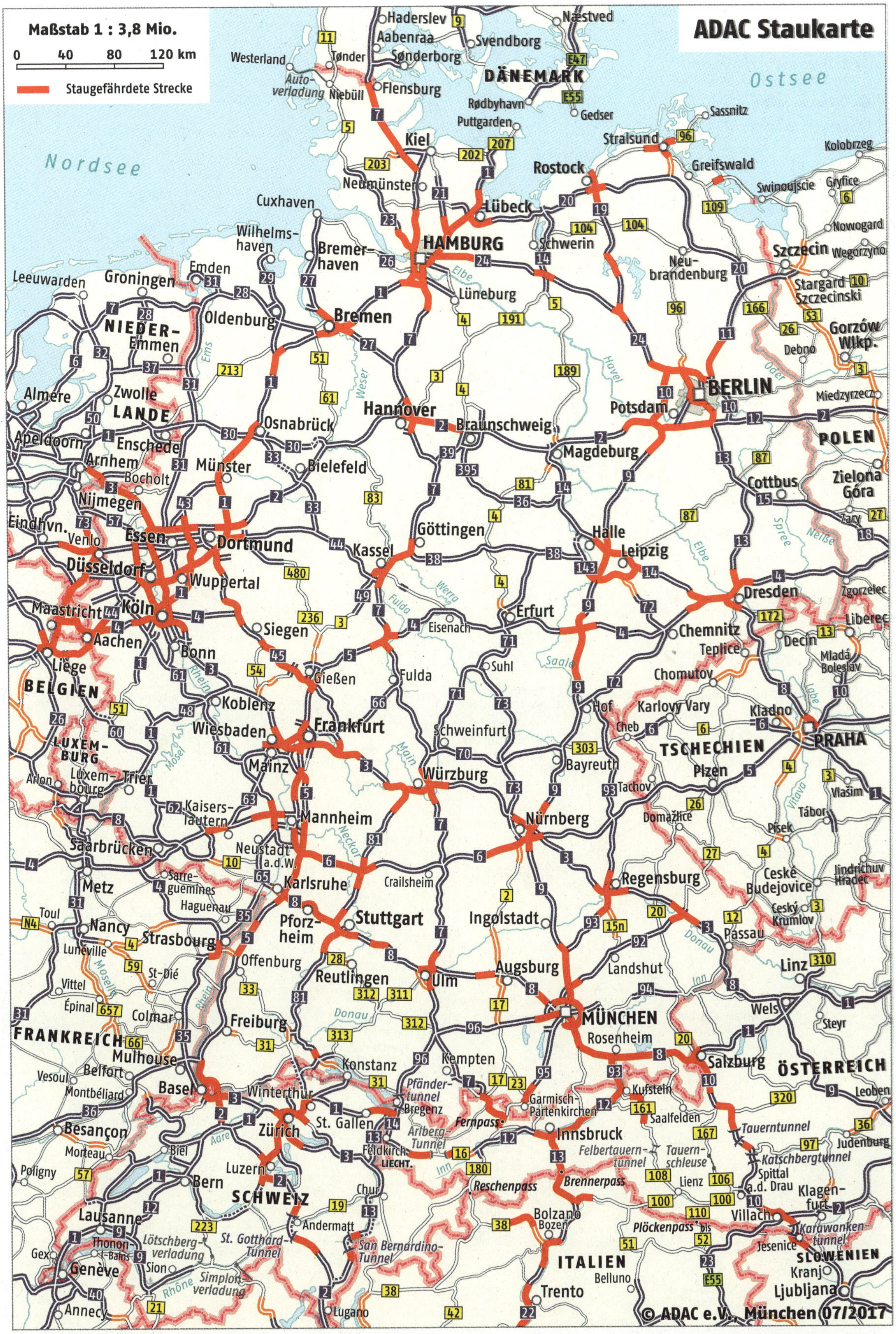
ADAC Staukarte
Maßstab 1 : 3,8 Mio.
0 40 80 120 km
Staugefährdete Strecke
Nordsee
Ostsee
DÄNEMARK
NIEDER-LANDE
BELGIEN
LUXEM-BURG
FRANKREICH
SCHWEIZ
ITALIEN
ÖSTERREICH
TSCHECHIEN
POLEN
SLOWENIEN
LIECHT.
HAMBURG
BERLIN
MÜNCHEN
PRAHA
Haderslev
Aabenraa
Sønderborg
Svendborg
Næstved
Westerland
Tønder
Auto-verladung
Niebüll
Flensburg
Rødbyhavn
Puttgarden
Gedser
Kiel
Neumünster
Lübeck
Rostock
Stralsund
Sassnitz
Greifswald
Kolobrzeg
Swinoujscie
Gryfice
Nowogard
Szczecin
Wegorzyno
Stargard Szczecinski
Gorzów Wlkp.
Debno
Miedzyrzecz
Zielona Góra
Zary
Cuxhaven
Wilhelms-haven
Bremer-haven
Schwerin
Neu-brandenburg
Leeuwarden
Groningen
Emden
Oldenburg
Bremen
Lüneburg
Emmen
Almere
Zwolle
Apeldoorn
Enschede
Arnhem
Bocholt
Nijmegen
Eindhvn.
Venlo
Osnabrück
Münster
Bielefeld
Hannover
Braunschweig
Magdeburg
Potsdam
Cottbus
Essen
Dortmund
Düsseldorf
Wuppertal
Köln
Maastricht
Aachen
Liège
Bonn
Siegen
Kassel
Göttingen
Halle
Leipzig
Dresden
Chemnitz
Teplice
Decin
Liberec
Zgorzelec
Mladá Boleslav
Chomutov
Erfurt
Eisenach
Suhl
Fulda
Gießen
Koblenz
Wiesbaden
Mainz
Frankfurt
Schweinfurt
Hof
Karlovy Vary
Cheb
Kladno
Plzen
Bayreuth
Würzburg
Trier
Luxem-bourg
Arlon
Kaisers-lautern
Mannheim
Saarbrücken
Neustadt a.d.W.
Karlsruhe
Crailsheim
Nürnberg
Regensburg
Tachov
Domažlice
Písek
Tábor
Vlasim
Ceské Budejovice
Ceský Krumlov
Jindrichuv Hradec
Metz
Sarre-guemines
Haguenau
Toul
Nancy
Strasbourg
Lunéville
Pforz-heim
Stuttgart
Ingolstadt
Passau
Linz
Offenburg
Reutlingen
Ulm
Augsburg
Landshut
Wels
Steyr
St-Dié
Vittel
Épinal
Colmar
Freiburg
Mulhouse
Vesoul
Belfort
Montbéliard
Basel
Konstanz
Kempten
Rosenheim
Salzburg
Leoben
Winterthur
Zürich
St. Gallen
Bregenz
Pfänder-tunnel
Fernpass
Garmisch-Partenkirchen
Kufstein
Saalfelden
Tauerntunnel
Judenburg
Besançon
Morteau
Biel
Feldkirch
Arlberg-Tunnel
Innsbruck
Felbertauern-tunnel
Tauern-schleuse
Katschbergtunnel
Spittal a.d. Drau
Poligny
Bern
Luzern
Chur
Reschenpass
Brennerpass
Lienz
Klagen-furt
Lausanne
Thonon
Lötschberg-verladung
St. Gotthard-Tunnel
Andermatt
San Bernardino-Tunnel
Bolzano Bozen
Plöckenpass
Villach
Karawanken-tunnel
Jesenice
Kranj
Ljubljana
Gex
Genève
Sion
Simplon-verladung
Rhône
Annecy
Lugano
Trento
Belluno
Elbe
Weser
Ems
Rhein
Mosel
Main
Neckar
Donau
Inn
Havel
Oder
Spree
Neiße
Saale
Fulda
Werra
Moldau
Vltava
Labe
Aare
© ADAC e.V., München 07/2017

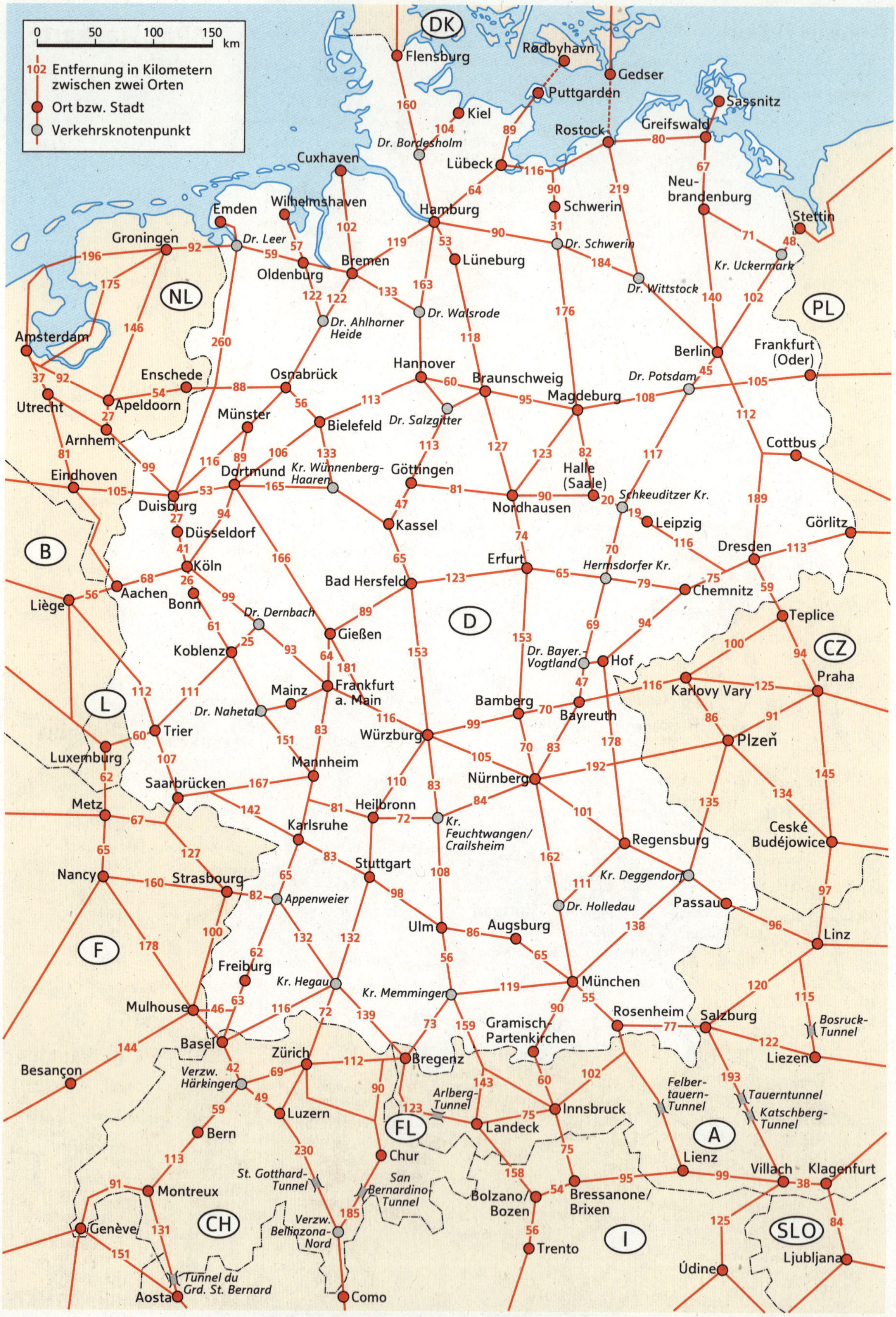

Großkilometrierung zwischen deutschen Verkehrszentren

Praktische Übung

Übung 1: Tour für eine Teileauslieferung planen

Situation

Als Mitarbeiter in der zentralen Teileauslieferung der Automobil AG in Halle an der Saale haben Sie die Aufgabe, die Autohändler der Umgebung mit Teilen zu beliefern.

Ihnen liegt die nachstehende Liste der Händler vor, die am nächsten Tag die bestellten Teile erhalten sollen. Für die Auslieferung stehen Ihnen zwei Lastkraftwagen zur Verfügung, aber nur ein Fahrer.

Es sind zwei Touren geplant:
Tour 1 (Ost) am Vormittag Tour 2 (West) am Nachmittag
Arbeitsbeginn ist 07:00 Uhr, Mittagspause für den Fahrer von 12:00 bis 13:00 Uhr.
Beide Lkws verfügen über ein maximales Ladegewicht von je 3500 kg.

Liste mit den Lieferungen für den morgigen Tag:

Adresse des Kunden	Bestellung des Kunden	Anzahl	Gewicht pro Stück	Bemerkungen
Max Müller KG 06749 Bitterfeld	Motorenöl Bremsklötze Fahrradständer	100 32 5	1,0 kg 6,5 kg 15,0 kg	
Autohaus Schulte 04509 Delitzsch	Auspuff Lautsprecher Kotflügel Reifen	5 4 2 16	7,2 kg 3,0 kg 35,0 kg 9,0 kg	
Kluge Autohandel 06333 Hettstedt	Schalter Gewindestäbe Felgen Frontscheibe	20 50 4 3	0,75 kg 1,5 kg 7,25 kg 16,0 kg	ab 13:00 Uhr
Ingo Schmidt GmbH 06420 Könnern	Achse Lautsprecher Tür Bremsscheiben	2 4 2 20	175,0 kg 3,0 kg 75,0 kg 7,4 kg	
Autohaus Landsberg 06188 Landsberg	Motorenöl Kotflügel Felgen	200 6 12	1,0 kg 36,5 kg 5,5 kg	bis 08:00 Uhr
Keller & Nagel 06295 Lutherstadt Eisleben	Motorenöl Schrauben Reifen	100 500 4	1,0 kg 2,0 kg je 100 Stück 10,0 kg	
Schnur & Sohn Autoreparatur 06268 Querfurt	Frontscheibe Autoradio Achse	2 2 2	17,5 kg 6,0 kg 165,0 kg	ab 15:00 Uhr
Autopark Seidl 06217 Merseburg	Lautsprecher Achse Kotflügel	4 2 1	3,0 kg 160,0 kg 40,0 kg	
Mutze & Schreiber 04435 Schkeuditz	Felgen Reifen Motorenöl Tür	6 10 200 2	7,0 kg 9,0 kg 1,0 kg 67,5 kg	bis 12:00 Uhr

1. Planen Sie die Routen für Tour 1 und Tour 2 nach der vorliegenden Landkarte und tragen Sie die anzufahrenden Orte und Kunden in einer sinnvollen Reihe in die abgebildeten Tourenpläne ein. Berücksichtigen Sie dabei die zeitlichen Sonderwünsche der Kunden.

2. Errechnen Sie das Gewicht der Teilladungen und der Gesamtladung je Lkw in kg und tragen Sie dieses ebenfalls in den Tourenplan ein.

Automobil AG Tourenplan Tour 1 (Ost) Ladegewicht gesamt: ____________			
Laufende Nummer	**Ort**	**Empfänger**	**Gewicht**
1			
2			
3			
4			
5			
6			

Automobil AG Tourenplan Tour 2 (West) Ladegewicht gesamt: ____________			
Laufende Nummer	**Ort**	**Empfänger**	**Gewicht**
1			
2			
3			
4			
5			
6			

3. Nennen Sie drei Gesichtspunkte, die Sie bei der Zusammenstellung der Touren beachten müssen.

Beispiele:

____

____

____

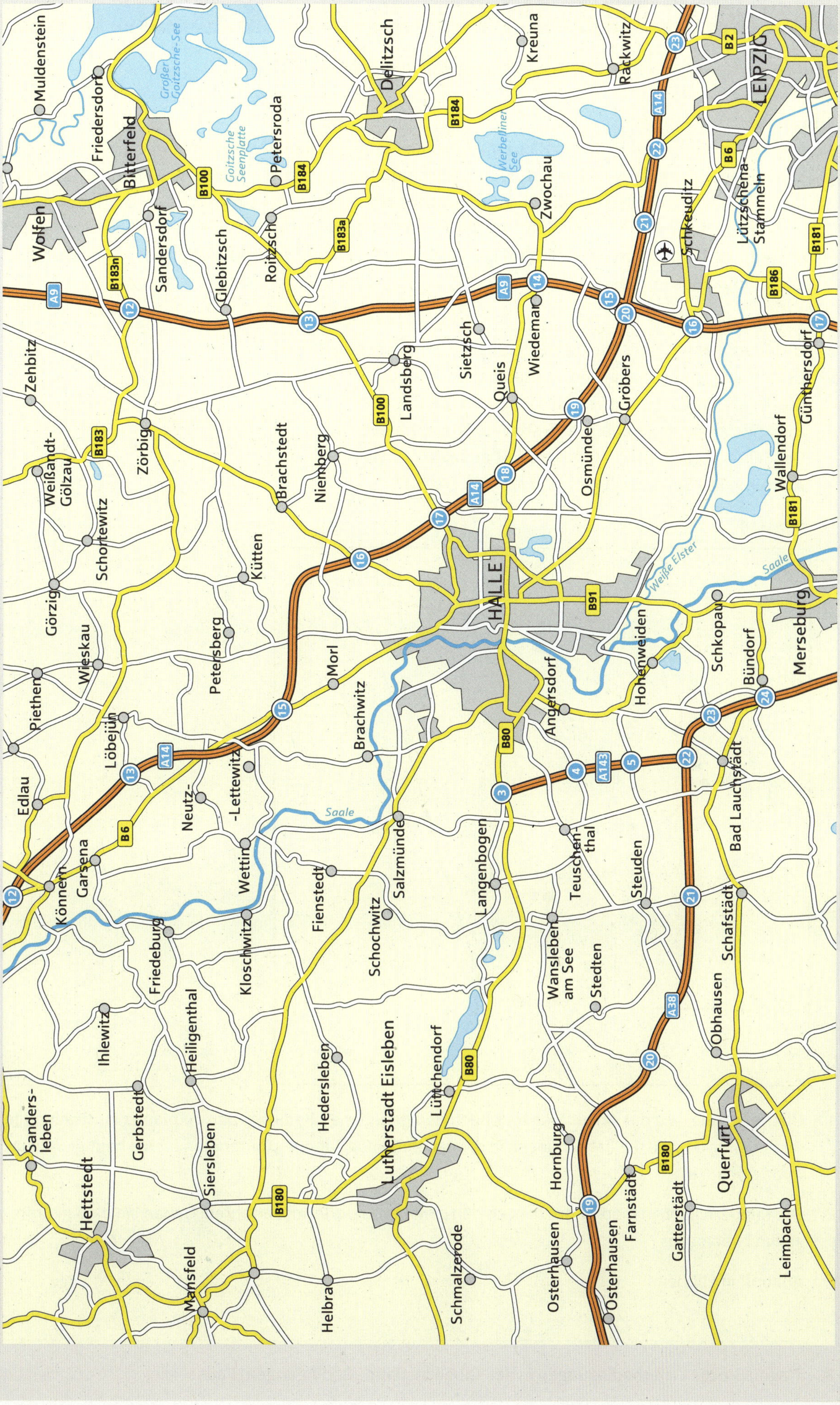
Muldenstein
Friedersdorf
Bitterfeld
Wolfen
Großer Goitzsche-See
Goitzsche Seenplatte
Petersroda
Sandersdorf
Glebitzsch
Roitzsch
Delitzsch
Kreuna
Rackwitz
LEIPZIG
Werbelliner See
Zwochau
Schkeuditz
Lützschena-Stammeln
Zehbitz
Weißandt-Gölzau
Zörbig
Schortewitz
Görzig
Wieskau
Piethen
Brachstedt
Niemberg
Landsberg
Sietzsch
Queis
Wiedemar
Gröbers
Osmünde
Günthersdorf
Wallendorf
Kütten
Petersberg
HALLE
Weiße Elster
Saale
Schkopau
Merseburg
Bündorf
Hohenweiden
Angersdorf
Morl
Brachwitz
Löbejün
Edlau
Neutz-Lettewitz
Wettin
Könnern
Garsena
Kloschwitz
Friedeburg
Salzmünde
Fienstedt
Schochwitz
Langenbogen
Teuschenthal
Steuden
Bad Lauchstädt
Schafstädt
Wansleben am See
Stedten
Obhausen
Ihlewitz
Heiligenthal
Gerbstedt
Sandersleben
Hettstedt
Siersleben
Mansfeld
Hedersleben
Lutherstadt Eisleben
Lüttchendorf
Helbra
Schmalzerode
Hornburg
Osterhausen
Farnstädt
Gatterstädt
Querfurt
Leimbach
A9
A14
A143
A38
B2
B6
B80
B91
B100
B180
B181
B183
B183a
B183n
B184
B186

Praktische Übung

Übung 2: Eine einfache Auslieferungstour planen

Situation

Sie arbeiten in der Logitec GmbH in Riesa und sind für die Tourenplanung verantwortlich. Morgen sollen 14 Rollcontainer der Größe 1,20 m × 1,00 m mit einem Lkw (Ladefläche 7,20 m × 2,44 m) ausgeliefert werden. Die Auslieferung erfolgt an den im Tourenverlauf angegebenen Lieferorten. In Großenhain sind 3 Container, in Lübben sind 5 Container, in Luckau sind 3 Container, in Herzberg sind 2 Container und in Elsterwerda ist 1 Container auszuliefern. Der Lkw verlässt pünktlich um 07:00 Uhr den Betriebshof in Riesa. Die Tour endet in Riesa.

Bedingungen

a) Der Lkw fährt mit einer Durchschnittsgeschwindigkeit von 60 km/h.
b) Die Entladezeit beträgt an jedem Entladeort 20 Minuten.
c) Die Anlieferung in Lübben soll bis 09:00 Uhr erfolgen.
d) Die Anlieferung in Herzberg ist erst ab 12.30 Uhr möglich.
e) Der Fahrer legt nach 4,5 Stunden eine Pause von 45 Minuten ein.
Achtung: Die Entladezeit gilt nicht als Pausenzeit!

Tourverlauf

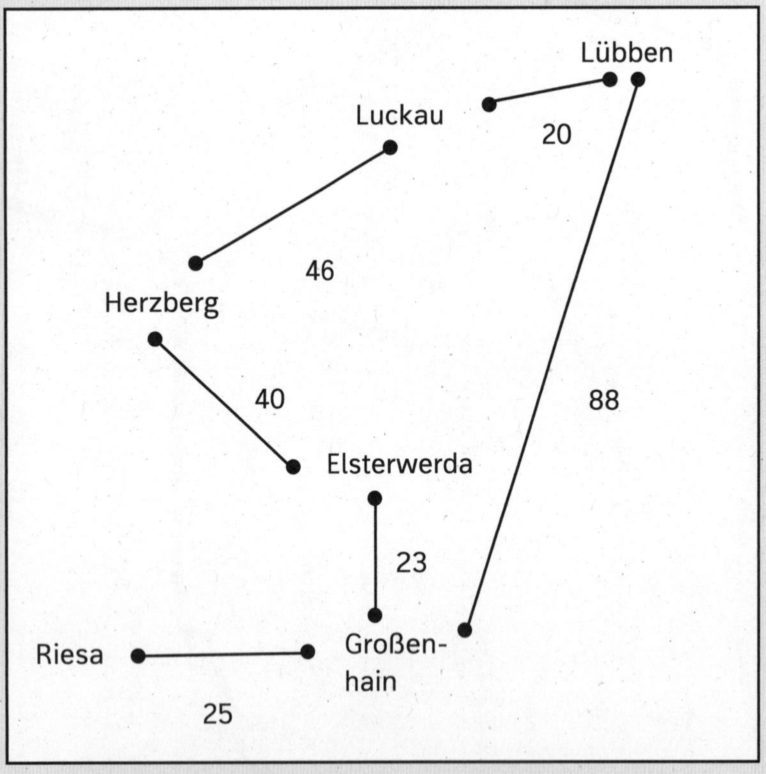

1. Überlegen Sie, wie der Ablauf der Tour nach den gegebenen Bedingungen zu planen ist. Tragen Sie die Teilstrecken und die Entfernungen in die nachfolgende Tabelle „Tourenplan für die heutige Auslieferungstour“ ein.

2. Der Kunde in Lübben möchte heute noch den genauen Liefertermin erfahren. Geben Sie die Ankunftszeit in Lübben an.

   Ankunft in Lübben:

   ____

3. Tragen Sie die Lieferbedingungen in der Tabellenspalte „Bedingungen/Pause“ ein.

4. Berechnen Sie die Ankunfts- und Abfahrtszeiten an den Lieferorten und tragen Sie diese in die Tabelle ein. Beachten Sie dabei die Pause des Fahrers.

5. Nehmen Sie alle noch fehlenden Eintragungen in der Tabelle vor.

6. Nach der Ankunft in Riesa soll der Lkw um 15:00 Uhr für den nächsten Tag vorgeladen werden. Begründen Sie, ob die Beladung wie geplant durchgeführt werden kann, wenn der Fahrer nach seiner Ankunft noch 45 Minuten Zeit für die Wartung einplant.

____

____

Tourenplan für die heutige Auslieferungstour

Teilstrecke	Entfernung in km	Ankunft Entladeort	Abfahrt Entladeort	Bedingungen/ Pause	Anzahl der Rollcontainer
Ankunft in Riesa					
Gesamtlänge der Tour					

7. Erstellen Sie für die Tour den Beladeplan. Tragen Sie jeweils die zwei Anfangsbuchstaben des Entladeortes in den entsprechenden Container (Feld) ein.

Beladeplan für den Lkw

Führerhaus								

Praktische Übung

Übung 3: Tourenplan mit Beteiligung weiterer Verkehrsträger

Situation 1

Die Logitec GmbH nutzt für die Bedienung des Fernverkehrs ein Liniennetz. Ein Knotenpunkt dieses Liniennetzes befindet sich in Magdeburg. Die Lkws fahren mit einer Durchschnittsgeschwindigkeit von 70 km/h. Es kommen Sattelzüge mit 32 Stellplätzen für Europaletten zum Einsatz. Die eingesetzten Lkws treffen um 12:00 Uhr in Magdeburg ein, werden umgeladen und fahren um 13:00 Uhr in ihre Heimatniederlassungen zurück.

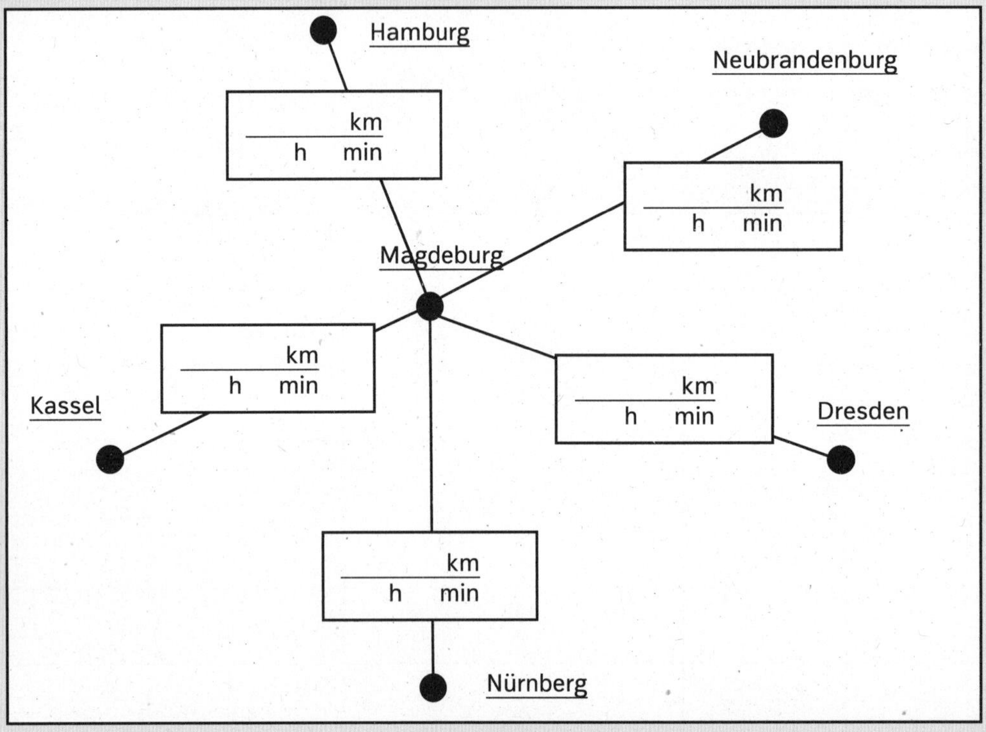

1. Ermitteln Sie die Entfernungen im dargestellten Liniennetz unter Verwendung der Großkilometrierung zwischen Deutschen Verkehrszentren auf Seite 152. Tragen Sie die Entfernungen in die Übersicht ein.
2. Ermitteln Sie die Fahrzeiten auf den Strecken. Tragen Sie Ihre Ergebnisse in die Übersicht ein.
3. Das Sendungsaufkommen zwischen Dresden und Kassel ist sehr hoch. Die Logitec GmbH plant daher die Einrichtung einer Direktverbindung zwischen Dresden und Kassel.

   3.1 Zeichnen Sie die Direktverbindung in die Übersicht ein.

   3.2 Ermitteln Sie für die Direktverbindung die kürzeste Entfernung, unter Verwendung der Großkilometrierung zwischen Deutschen Verkehrszentren auf Seite 152.

   Entfernung: ______________________________

   3.3 Berechnen Sie die Fahrzeit in Stunden und Minuten auf der Direktverbindung. Berücksichtigen Sie dabei eine Pause von 45 Minuten.

   Fahrzeit: ______________________________

   Berechnung: ______________________________

   3.4 Berechnen Sie die Zeiteinsparung auf der Direktverbindung gegenüber dem Linienverkehr.

   Zeiteinsparung: ______________________________

Berechnung:

___

___

Situation 2

Die Firma Lebkuchen Mayer aus Nürnberg beauftragt die Logitec GmbH mit der Auslieferung von Lebkuchen in den Filialen an der Nord- und Ostsee. Für den Hauptlauf nutzt die Logitec GmbH das Liniennetz. Die Auslieferung ab Hamburg zu den Filialen erfolgt mit Kleintransportern am nächsten Tag. Die Transporter sind mit einer Durchschnittsgeschwindigkeit von 70 km/h unterwegs. Jede Filiale wird jeweils durch ein Fahrzeug beliefert.

Zusätzliche Informationen für die Tourenplanung

Für die Auslieferung nach Westerland (Sylt) ist der Autozug zu nutzen.

Abfahrtszeiten siehe unter www.autozug-sylt.de.

Für die Auslieferung nach Maribo (DK) ist die Fähre Puttgarten – Rodbyhavn zu nutzen.
Abfahrtszeiten siehe unter www. scandlines.de/Dänemark.

Bei der Benutzung der Fähre und des Autozuges müssen Sie spätestens 30 Minuten vor der Abfahrt einchecken. Die Weiterfahrt ist 20 Minuten nach Ankunft zu planen.

Entfernungen:	Hamburg – St Peter Ording	150 km	
	Hamburg – Nibüll	200 km	+ 10 min zur Filiale
	Hamburg – Puttgarden	155 km	+ 20 km nach Maribo

4.1 Berechnen Sie die Ankunftszeit des Linienverkehr in Hamburg (siehe Liniennetz der Logitec GmbH in Aufgabe 3).

___

4.2 Berechnen Sie die Ankunftszeit in Maribo wenn der Fahrer um 08:00 Uhr in Hamburg abfährt. Beachten Sie den Fahrplan der Fähre.

___

___

___

___

4.3 Die Anlieferung in St. Peter Ording soll um 10:00 Uhr erfolgen. Berechnen Sie die späteste Abfahrtszeit des Transporters in Hamburg.

___

4.4 Die Anlieferung in der Filiale in Westerland (Sylt) soll zwischen 12:00 Uhr und 13:00 Uhr erfolgen. Ermitteln Sie ausgehend vom Liefertermin die späteste Abfahrtszeit des Transporters in Hamburg. Beachten Sie den Fahrplan des Autozuges.
Runden Sie die Abfahrtszeit auf volle Viertelstunden.

___

___

___

___

Praktische Übung

Übung 4: Eine grenzüberschreitende Tour planen (1)

Situation
Die NewLog KG beliefert per Lkw aus dem Lager in München vor allem Empfänger im östlichen Alpenraum und den nördlichen Teilen Süd- und Südosteuropas.

Die Lkws der NewLog KG können jeweils 21 Europaletten laden.
Als Mitarbeiter im Versand sind Sie beauftragt, eine Tourenplanung für folgende Aufträge zu erstellen:

Kunde	Lieferort/Land	Versand	Anmerkungen
Wieser GesmbH	Salzburg/Österreich	4 Europaletten	nur vormittags liefern
Hofer Sanitär und Heizung	Innsbruck/Österreich	19 Europaletten	Annahme durchgehend
Fliesen- und Sandstein GmbH	Graz/Österreich	7 Europaletten	Mittwoch ist nachmittags geschlossen
Vukovic Marjan	Laibach/Slowenien	3 Europaletten	
Cviic Handelsgesellschaft	Rijeka/Kroatien	7 Europaletten	
Zoran Zavic	Zagreb/Kroatien	4 Europaletten	
J. Kosir	Maribor/Slowenien	3 Europaletten	
Antonia Franca SPA	Udine/Italien	14 Europaletten	nur von 14:00–18:00 Uhr liefern

1. Wie viele Lkws sind für die Beförderung aller Versandaufträge nötig?

   ____

2. Suchen Sie die Lieferorte, die von der NewLog KG anzufahren sind, auf Karten, in Atlanten oder auch im Internet.

3. Stellen Sie drei Touren für die Lieferung der Europaletten zusammen.

   Tour 1:
   Fahrstrecke: ______________________________
   Paletten: ______________________________

   Tour 2:
   Fahrstrecke: ______________________________
   Paletten: ______________________________

   Tour 3:
   Fahrstrecke: ______________________________
   Paletten: ______________________________

4. Ermitteln Sie mithilfe eines Routenplaners aus dem Internet die reine Fahrzeit für die einzelnen Touren.

   Tour 1: ______________________________

   Tour 2: ______________________________

   Tour 3: ______________________________

Praktische Übung

Übung 5: Eine grenzüberschreitende Tour planen (2)

Die INTERTRANS GmbH, Köln, führt im gesamten europäischen Raum Transporte für die Lebensmittelindustrie durch. Auf dem Rückweg von einem Betrieb in Mailand sollen verschiedene Empfänger in Basel, Strasbourg, Karlsruhe und Frankfurt/Main beliefert werden.

1. Bestimmen Sie, welche Länder Europas von der Tour betroffen sind.

____________________ ____________________

____________________ ____________________

____________________ ____________________

2. Geben Sie an, durch welche Bundesländer der Bundesrepublik diese Tour von Süd nach Nord führen wird, und nennen Sie die zugehörige Landeshauptstadt.

____________________ ____________________

____________________ ____________________

____________________ ____________________

____________________ ____________________

3. Ermitteln Sie die Entfernungen zwischen den Städten der Tour gemäß Großkilometrierung.

Strecke			Entfernung in km
	nach		
	nach		
	nach		
	nach		
	nach		

Praktische Übung

Übung 6: Eine internationale Tour planen

Situation

Die Energietechnik Dresden AG beauftragt die Logitec GmbH mit dem Transport von 15 Stück 20 Fuß Standardcontainern von Buenos Aires nach Dresden. Die Container sind auf einem Containerschiff verladen. Der Reisebeginn war der 07. Juli 20.. 13:00 Uhr Ortszeit. Die Reiseroute führt über Recife nach Hamburg. In Recife ist eine Liegezeit von 8 Stunden einzuplanen. Das Seeschiff fährt mit einer Durchschnittsgeschwindigkeit von 20 Knoten (20 Knoten = 20 sm [Seemeilen] pro Stunde; 1 sm = 1,852 km). Der Nachlauf von Hamburg nach Dresden erfolgt mit der Eisenbahn.

1. Geben Sie an, auf welchem Kontinent und in welchem Land sich der Abfahrtsort und der Zielort befinden.

___

2. Ermitteln Sie mithilfe der Karte Seeverkehrswege im Lehrbuch Logistische Prozesse auf Seite 374 die Länge der Reiseroute in sm.

___

3. Berechnen Sie den Zeitbedarf in Stunden vom Reisebeginn in Buenos Aires mit Zwischenstopp in Recife bis zum Reiseende in Hamburg.
   Hinweis: Kalkulieren Sie aufgrund von Verkehrseinschränkungen mit einer um 5 Stunden längeren Fahrzeit.

___

4. Ermitteln Sie mithilfe der Übersicht der Zeitzonen im Lehrbuch Logistische Prozesse auf Seite 348 oder dem Internet den Zeitunterschied zwischen dem Abfahrts- und Zielort. Geben Sie an, wie Sie diesen Zeitunterschied bei der Ankunftszeit berücksichtigen müssen.

___

___

5. Berechnen Sie für die Ankunft in Hamburg das Datum und die Ankunftszeit. Berücksichtigen Sie dabei den Zeitunterschied!

___

6. Für die Abfertigung in Hamburg werden 15 Stunden eingeplant. Die Container werden mit dem nächstmöglichen Containerzug weiterbefördert. Die Abfahrt des Zuges ist täglich um 20:00 Uhr. Die Container sind dann ab 10:00 Uhr des Folgetages in Dresden verfügbar.
   Berechnen Sie für die Ankunft in Dresden das Datum und die Ankunftszeit.

___

7. Für den Transport vom Bahnhof Dresden zur Energietechnik AG stehen 4 Lkws zur Verfügung. Die Beladung dauert 15 Minuten. Die Fahrt dauert mit Entladung jeweils 30 Minuten. Die Lkws verkehren ohne Wartezeit.
   Berechnen Sie, wann die gesamte Ladung bei der Energietechnik AG in Dresden verfügbar ist, wenn jeder Lkw gleichzeitig 2 Container befördert.

___

___

Weiterführende Situation

Für die Fertigstellung der zu liefernden Maschinen müssen elektronische Steuerungen von Dresden nach Buenos Aires geliefert werden. Die Lieferung wird morgen um 10:30 Uhr Ortszeit in Buenos Aires erwartet. Der Transport zum Flughafen Frankfurt erfolgt mit IC Kurierdienst. (https://www.time-matters.com). Die Abholung kann in Dresden ab 10:30 Uhr erfolgen.

8. Suchen Sie sich mithilfe des Internet eine passende Verbindung mit dem IC Kurierdienst. Die Übergabe in Frankfurt muss bis 19:30 Uhr erfolgen.

____

9. Ermitteln Sie mit der Karte Wichtige Luftverkehrsverbindungen im Lehrbuch Logistische Prozesse auf Seite 374 ab Frankfurt am Main die Flugzeit nach Buenos Aires.

____

10. Berechnen Sie die Ankunftszeit der Sendung in Buenos Aires, wenn das Flugzeug um 20:40 Uhr in Frankfurt abfliegt. Berücksichtigen Sie dabei den Zeitunterschied!

____

11. Begründen Sie, ob die Lieferung pünktlich beim Empfänger ankommt, wenn die Auslieferung 90 min nach Ankunft des Flugzeugs erfolgt.

____

Lernfeld 8: Güter verladen

Arbeitsblatt 1: Rechtliche und physikalische Grundlagen der Ladungssicherung

Situation: Sie haben zehn Paletten mit Gütern zur Verladung auf einem Lkw der Spedition Fuchs vorbereitet. Die Lieferung geht an einen Kunden in Italien. Nach Eintreffen des Lkw macht der Fahrer eine Pause im nahen Café und erwartet, dass Sie die Beladung des Lkw übernehmen.

1. In welchen rechtlichen Vorschriften finden Sie Aussagen darüber, wer die Verladung durchzuführen hat und für eine sichere Ladung verantwortlich ist?

2. Erklären Sie den Unterschied zwischen beförderungssicherer und betriebssicherer/verkehrssicherer Verladung. Wer ist jeweils dafür verantwortlich?

3. Angenommen, der Fahrer hilft bei der Beladung – freundlicherweise oder weil er in Eile ist – mit und er verursacht dabei einen Schaden an den zu verladenden Gütern. Wer ist dann für diesen Schaden verantwortlich?

4. Mangelnde Ladungssicherung ist häufig Ursache für Transportschäden. Zu selten machen sich die verantwortlichen Personen wie Absender, Verlader, Frachtführer und Fahrer Gedanken über die physikalischen Kräfte, die beim Transport auf die Ladung wirken oder von der Ladung ausgehen. Welche Kräfte treten in den verschiedenen Situationen beim Transport auf?

5. Wie stark wirkt die Massenkraft maximal beim Anfahren, Bremsen oder in Kurven auf die Ladung?

____

____

6. Bei der Kurvenfahrt wirkt die Fliehkraft als Massenkraft. Welcher Zusammenhang besteht dabei zwischen Masse, Geschwindigkeit und Kurvenradius?
Stellen Sie den nachfolgenden Satz richtig, indem Sie die drei falschen Wörter streichen.
Je größer/kleiner die Masse und Geschwindigkeit und je größer/kleiner der Radius der Straßenkurve, desto größer ist die Fliehkraft/Trägheitskraft.

7. Welcher Zusammenhang besteht bei der Massenkraft zwischen Masse und Beschleunigung? Stellen Sie den nachfolgenden Satz richtig, indem Sie die drei falschen Wörter streichen.
Je größer/kleiner die Masse und je größer/kleiner die Beschleunigung beim Anfahren, desto größer ist die Fliehkraft/Trägheitskraft.

8. Mit welcher Gewichtskraft F_G in Newton und Deka-Newton drückt eine 300 kg schwere Palette auf die Ladefläche, wenn die Erdbeschleunigung $g = 9{,}81\ m/s^2$ beträgt?

____

____

9. Ergänzen Sie die folgenden Sätze zur Erklärung der Reibungskraft.

Die Reibungskraft ist die __________ , die beim Anfahren, Bremsen und in Kurven einer __________ der __________ entgegenwirkt. Die Reibungskraft ist umso größer, je rauer die Oberflächen der __________ und der __________ sind.

10. Die Masse (Gewicht) der Ladung beträgt m = 1 500 kg. Die Ladefläche und die Oberfläche der Ladung sind aus Metall. Beide Oberflächen sind trocken. Der Gleit-Reibbeiwert μ beträgt dafür 0,2.

a) Wie groß ist die Gewichtskraft in Newton und Deka-Newton?
b) Wie groß ist die Reibungskraft in Deka-Newton?
c) Wie groß wäre die Reibungskraft in Deka-Newton, wenn eine Antirutschmatte mit dem Gleit-Reibbeiwert μ = 0,6 verwendet wird?

Formeln zur Lösung:
Gewichtskraft F_G = Masse m in kg · Erdbeschleunigung g (9,81 m/s^2 aufgerundet 10 m/s^2)
Die physikalische Einheit lautet N (Newton).
Umrechnung: 10 N = 1 daN (Deka-Newton)
Reibungskraft F_R = Gleit-Reibbeiwert μ · Gewichtskraft F_G

a) ____

____

b) ____

____

c) ____

____

11. Ergänzen Sie den folgenden Satz zur Erklärung der Sicherungskraft.

Die Sicherungskraft ist die Kraft, die zusätzlich zur ______________ eingesetzt werden muss, um ein ______________ der Ladung, z. B. beim Bremsen, zu vermeiden.

> Die Sicherungskraft errechnet sich nach der Formel:
> Sicherungskraft F_S = Massenkraft F_M – Reibungskraft F_R

12. Die Masse der Ladung beträgt m = 2,5 t. Bei einer Vollbremsung wirkt eine Massenkraft von 80 % der Gewichtskraft F_G. Der Gleit-Reibbeiwert μ beträgt 0,4.

a) Wie groß ist die Massenkraft F_M (Trägheitskraft) in Deka-Newton, mit der das Ladungsgut nach vorne verrutschen wird?
b) Wie groß ist die Reibungskraft F_R in Deka-Newton?
c) Wie groß muss die Sicherungskraft F_S in Deka-Newton sein, damit das Ladungsgut nicht verrutscht?

a) ____

____

b) ____

____

c) ____

____

13. Wovon hängt es ab, ob ein Ladungsgut während des Transports nach vorne, zur Seite oder nach hinten kippt?

____

____

____

____

14. Ein Ladungsgut ist 1,30 m lang, 1,20 m breit und 1,70 m hoch. Der Sicherungsfaktor beträgt nach vorne 0,8, zur Seite 0,7 und nach hinten 0,5. Berechnen Sie, ob Kippgefahr a) nach vorne, b) zur Seite und c) nach hinten besteht. Zeichnen Sie sich dafür als Hilfe ein Ladungsgut im Maßstab 1 : 25.
Grundsätzlich gilt: Das Ladungsgut ist standsicher, wenn B_S/H_S größer ist als der jeweilige Sicherungsfaktor gegen Kippen.

Kippen nach vorne: ______________________________

Kippen zur Seite: ______________________________

Kippen nach hinten: ______________________________

Arbeitsblatt 2: Arten der Ladungssicherung

1. Welche zwei Arbeitsschritte sind bei der Sicherung einer Ladung zu beachten?

1. Schritt: ____

____

2. Schritt: ____

____

2. Welche drei Sicherungsarten sind bei der Ladungssicherung auf dem Transportmittel zu unterscheiden?

____

____

3. Bearbeiten Sie das Thema „Kraftschlüssige Ladungssicherung“ durch Ausfüllen des Lückentextes.

Die kraftschlüssige Ladungssicherung erfolgt durch ________________ mithilfe von ________________. Als Zurrmittel werden häufig ______________________________ verwendet. Die Zurrmittel werden dabei über das Ladungsgut geführt und mit einem Spannelement, z. B. einer __________, gespannt. Dadurch wird das Ladungsgut auf die Ladefläche gepresst und die Reibungskraft F_R/Gewichtskraft F_G erhöht. Beim Niederzurren sichern die Zurrmittel nicht die Ladung, sondern erhöhen die __________. Die Ladung wird somit durch die höhere Reibungskraft gesichert.

Die Kraft, die über die Handkraft in die Ratsche des Zurrmittels eingeleitet wird, um das Ladegut niederzuzurren, nennt man ________________. Je größer die Vorspannkraft, desto besser ist die

Ladung vor dem ______________ gesichert. Bei einem Zurrwinkel $\alpha = 90°$ wirkt die Vorspannkraft zu _______ .Wie stark die Vorspannkraft beim Niederzurren tatsächlich wirkt, hängt vom ______________ ab. Je geringer der Zurrwinkel α, desto mehr oder stärkere ____________ müssen eingesetzt werden, um die gleiche Vorspannkraft zu erzeugen.

4. Die Masse der Ladung beträgt m = 1,5 t. Der Gleit-Reibbeiwert μ beträgt 0,4. Der Sicherungsfaktor f nach vorne 0,8.

   a) Wie groß muss die Vorspannkraft F_V sein, damit die Ladung ausreichend gegen Verrutschen gesichert ist?

   b) Wie viel Zurrmittel mit einer Vorspannkraft S_{TF} von je 200 Deka-Newton sind notwendig, um die Ladung zu sichern?

Formel zur Berechnung:

$$F_V = \frac{f - \mu}{\mu} \cdot \frac{F_G}{1,5}$$

a) ______________________________

b) ______________________________

____

5. Welche Möglichkeiten der formschlüssigen Ladungssicherung kennen Sie?

____

____

____

____

____

6. Die Nutzlast des Fahrzeugs beträgt 10 000 kg (entspricht der Nutzlast F_{Nutz} = 10 000 daN), das tatsächliche Ladungsgewicht 9 000 kg.
Nach vorn zu sichernde Kraft: 80 % der Gewichtskraft der Ladung
Belastbarkeit der Stirnwand: 40 % der Nutzlast
Vorhandene Reibungskraft: 22 % der Gewichtskraft der Ladung
a) Ermitteln Sie die noch zu sichernde Differenzkraft in Deka-Newton.
b) Ermitteln Sie die noch zu sichernde Differenzkraft, wenn die Ladung unter den selbem Bedingungen auf einem Fahrzeug mit einer Nutzlast von 20t verladen wird.

____

____

____

____

____

7. Wodurch unterscheidet sich das Direktzurren vom Niederzurren?

____

____

____

____

8. Welche drei Arten des Direktzurrens unterscheidet man in der Praxis?

____

____

____

9. Bei welcher Art des Direktzurrens
a) werden die Zurrmittel im rechten Winkel zur Außenkante der Ladefläche gespannt,
b) dient die Kopfschlinge als Ladungssicherung in Fahrtrichtung,
c) sichert immer ein Zurrmittel jede der vier Ecken des Ladungsgutes,
d) kann die Kopfschlinge mit Hebegurten oder Kantenwinkeln erfolgen,
e) sind immer acht Zurrmittel erforderlich,
f) werden die Zurrmittel diagonal zur Außenkante der Ladefläche gespannt?

a) ____________ c) ____________ e) ____________

b) ____________ d) ____________ f) ____________

Arbeitsblatt 3: Mittel und Verfahren zur Ladungssicherung

1. Womit müssen Nutzfahrzeuge für den Stückgutverkehr mit einem zulässigen Gesamtgewicht von mehr als 3,5 t ausgerüstet sein?

____

____

2. Welche Zurrmittel kennen Sie?

____

3. Aus welchen drei Teilen bestehen Zurrgurte?

____

____

4. Welche Angaben muss das Etikett am Zurrgurt enthalten?

____

____

____

____

5. Wovon hängt die Leistungsfähigkeit (Lashing Capacity) einer Zurrkette ab?

____

____

6. Zurrdrahtseile unterliegen einem natürlichen Verschleiß. Wann sind sie abzulegen, d. h., wann dürfen sie nicht mehr verwendet werden?

____

____

____

____

7. Neben den Zurrmitteln sind weitere Hilfsmittel zur Ladungssicherung im Einsatz. Ordnen Sie diese der jeweiligen Gruppe zu.

a) Hilfsmittel, die im Fahrzeugaufbau fest verankert sind:

____

b) Das Ladegut fixierende Hilfsmittel:

____

c) Die Leerräume ausfüllende Hilfsmittel:

____

d) Das Ladegut umspannende Hilfsmittel:

____

e) Die Reibung erhöhende Hilfsmittel:

____

8. Aus welchen Gründen sollte vor der Beladung eines Transportmittels, z. B. eines Containers, ein Stauplan erstellt werden?

____

____

____

____

9. Welche Möglichkeiten kennen Sie für die Erstellung eines Stauplans?

____

____

____

____

____

10. Erklären Sie die Aussage „Das Ladegut sollte Modulabmessungen haben“.

____

11. Vor dem Beladen sollte ein Container außen und innen „durchgecheckt“ werden.

a) Welche Prüfungen nehmen Sie außen vor?

____

____

____

____

____

____

____

____

____

b) Welche Prüfungen nehmen Sie innen vor?

____

____

____

____

____

____

c) Welche Grundregeln müssen Sie beim Stauen der Ladung beachten?

____

____

____

____

____

____

____

____

____

____

____

____

d) Welche Prüfungen nehmen Sie nach der Beladung des Containers vor?

____

____

____

____

____

____

Arbeitsblatt 4: Gefahrgut

1. Gefahrgutbeauftragte/-r:

a) Welche Unternehmen müssen einen Gefahrgutbeauftragten bestellen?

____

____

b) Von wem kann die Tätigkeit des Gefahrgutbeauftragten im Unternehmen wahrgenommen werden?

____

____

____

____

c) Ergänzen Sie den folgenden Lückentext.
Von der Pflicht, einen Gefahrgutbeauftragten zu bestellen, sind z. B. Unternehmen befreit,

- die jährlich nicht mehr als ____________ gefährliche Güter befördern,
- die gefährliche Güter lediglich ____________ .

d) Nennen Sie fünf Aufgaben des Gefahrgutbeauftragten.

____

____

____

____

____

____

____

____

e) Angenommen, Ihr Betrieb muss gemäß Verordnung einen Gefahrgutbeauftragten benennen. Ein Mitarbeiter erscheint dafür geeignet und ist auch bereit zur Übernahme dieser Tätigkeit. Welche Voraussetzung ist außerdem noch notwendig?

____

f) Informieren Sie sich in Ihrem Ausbildungsbetrieb, ob Gefahrgüter verpackt oder versendet werden und ggf. wer als Gefahrgutbeauftragter dafür zuständig ist.

Gefahrgüter in meinem Betrieb: ____________________

____

Gefahrgutbeauftragter: ____________________

____

Arbeitsblatt 5: Gefahrgut-Transport

1. Welches Gesetz ist beim Transport von gefährlichen Gütern zu beachten?

   - Gesetz: ____________________

2. Was sind gefährliche Güter nach dem oben genannten Gesetz?

   Gefährliche Güter sind Stoffe, von denen beim ____________________ ________________ sowie bei der ________________ Gefahren ausgehen können für ____________________________.

3. Für welche Transporte gilt das oben genannte Gesetz **nicht**?

   - ____

4. Welche **Befugnisse** haben die zuständigen Behörden im Rahmen dieses Gesetzes?

   a) Zuständige Behörden sind: z. B.

   ____

   b) Nennen Sie drei Befugnisse.

   ____

   ____

   ____

   ____

   ____

5. Es gibt spezielle Verordnungen über die Beförderung von gefährlichen Gütern.
Welche Bedeutung haben folgende Abkürzungen für solche Gefahrgutverordnungen?

a) GGVSEB: ______

b) ADR: ______

c) ADN: ______

d) RID: ______

e) IATA: ______

f) IMDG: ______

6. Welche Regelungen enthalten diese Verordnungen? Nennen Sie drei wichtige Punkte.

7. Was hat der Verpacker im Rahmen des Gefahrguttransports zu prüfen?

8. Welche Begleitpapiere sind beim Gefahrguttransport zu erstellen und vom Fahrer mitzuführen?

9. Welche Angaben muss ein Frachtbrief für Gefahrgut enthalten, die im Frachtbrief für den Transport normaler Güter nicht angegeben werden?

10. Nennen Sie nach der Tabelle für Zusammenladeverbote drei Güterklassen, die nicht zusammen geladen werden dürfen.

11. Welche Informationen hat der Versender dem Fahrer zu geben, wenn Gefahrgut geladen wird?

12. Welche Ausrüstungen hat der Fahrer beim Transport von Gefahrgut mitzuführen?

13. Welche Maßnahmen sind bei einem Unfall mit entzündbaren Gasen, Klasse 2.1, zu ergreifen. Lesen Sie dazu die schriftlichen Weisungen im Fachbuch „Logistische Prozesse“.

14. An einem Lkw befindet sich zusätzlich folgende (orangefarbene) **Warntafel**.
Welche Bedeutung haben die Beispiele (ohne Stoffnummer)?

a) | 30 | → bedeutet:
| 1202 | (Stoffnummer)

b) | X323 | → bedeutet:
| 1422 | (Stoffnummer)

c) | 33 | → bedeutet:
| 1203 | (Stoffnummer)

15. Was sind Placards?

16. Bei der Beförderung begrenzter Mengen Gefahrgut in Versandstücken kann der Transport von den Vorschriften des ADR freigestellt werden.

a) Was braucht der Fahrer in diesem Fall nicht?

b) In welchem Fall kann die Begrenzte Menge-Regelung angewendet werden?

c) In der Versandabteilung liegen vier Packstücke zur Auslieferung bereit. Auf drei Packstücken befindet sich das abgebildete Symbol ohne Buchstaben, das vierte Packstück enthält das abgebildete Symbol mit dem Buchstaben Y. Erklären Sie den Inhalt und den Beförderungsweg dieser Packstücke.

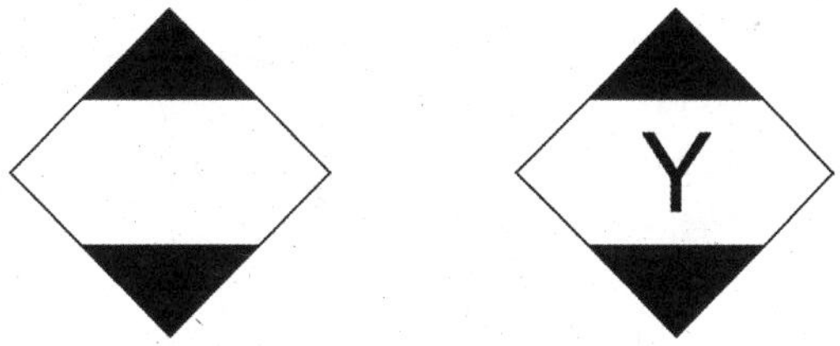

d) Was versteht man bei der Beförderung von Gefahrgütern unter Freistellung je Beförderungseinheit? Erklären Sie die 1 000er-Regel anhand eines Beispiels. Nehmen Sie dazu die Tabelle im Fachbuch „Logistische Prozesse“ zu Hilfe.

Praktische Übung

Übung 1: Einen Lkw beladen und die Ladung sichern

Sie sind im Warenausgang Ihrer Firma beschäftigt und erhalten den Auftrag, eine bereits in einer Holzkiste verpackte Maschine auf den abgebildeten Lastwagen zu verladen und mit Festlege-/Kanthölzern gegen Verrutschen zu sichern. Die Kiste ist 3,00 m lang, 2,00 m breit und 2,50 m hoch. Sie wiegt 6 000 kg und hat einen mittigen Schwerpunkt.

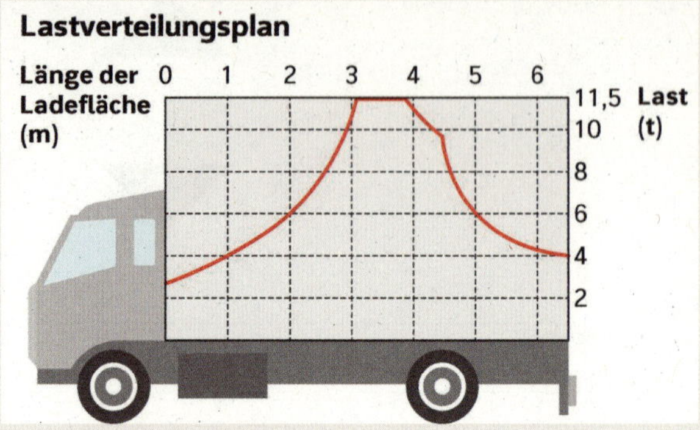

Aufgaben

1. Welchen Kräften ist die Ladung während des Transports ausgesetzt?

___

___

___

___

2. Begründen Sie, warum eine formschlüssige Beladung an der Stirnseite der Ladefläche nicht möglich ist.

___

___

___

3. Zeichnen Sie den optimalen Stellplatz der Kiste sowie die Position der Festlege-/Kanthölzer auf der abgebildeten Ladefläche ein (Abbildung Draufsicht).

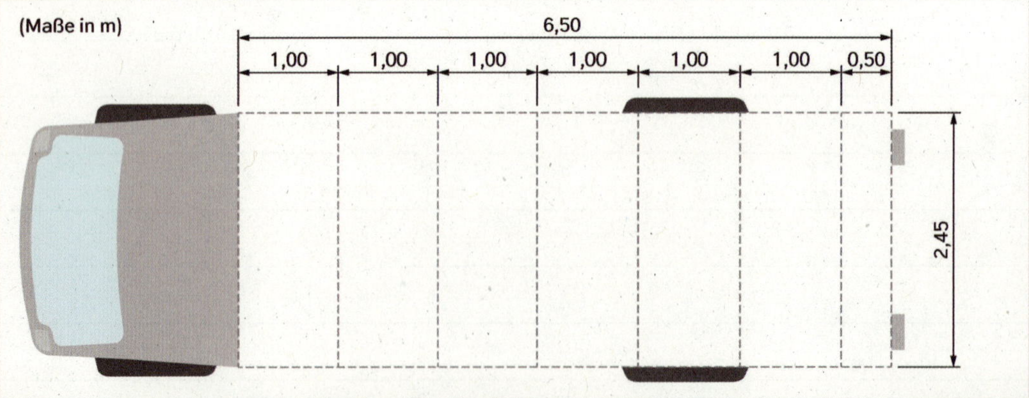

4. a) Für den Transport einer weiteren Kiste mit gleichen Maßen und Gewicht stellt Ihnen die Spedition einen Lkw mit Metallboden zur Beladung bereit. Die Sicherung mit Festlege-/Kanthölzern ist damit ausgeschlossen. Nennen Sie Möglichkeiten, wie in diesem Falle die Ladung gesichert werden kann. Stellen Sie diese Möglichkeit auch zeichnerisch dar.

Zeichnungen dazu:

■ ____________________

____

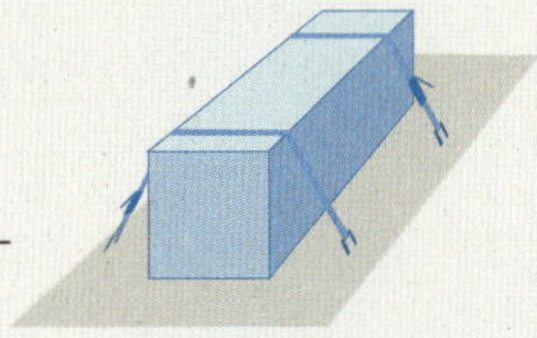

Zeichnungen dazu:

■ ____________________

____

■ ____________________

____

■ ____________________

____

b) Welche Einrichtungen zur Ladungssicherung sollten sich auf den Ladeflächen bzw. am Fahrzeugaufbau befinden, damit eine Befestigung der Zurrmittel möglich ist?

____

____

5. a) Sie entscheiden sich bei der Ladungssicherung in Aufgabe 4 für das Niederzurren und haben Zurrmittel mit der abgebildeten Kennzeichnung zur Verfügung. Bei der Ermittlung des zutreffenden Reibbeiwertes μ wird eine trockene Ladefläche zugrunde gelegt. Sicherheitshalber soll der niedrigste aufgeführte Reibbeiwert μ für diesen Zustand verwendet werden. Der Zurrwinkel α liegt bei 90°. Ermitteln Sie aus **den abgebildeten Tabellen**, wie viel Zurrgurte notwendig sind, um die Kiste zu sichern.

____

____

____

Beispiel Kennzeichnung

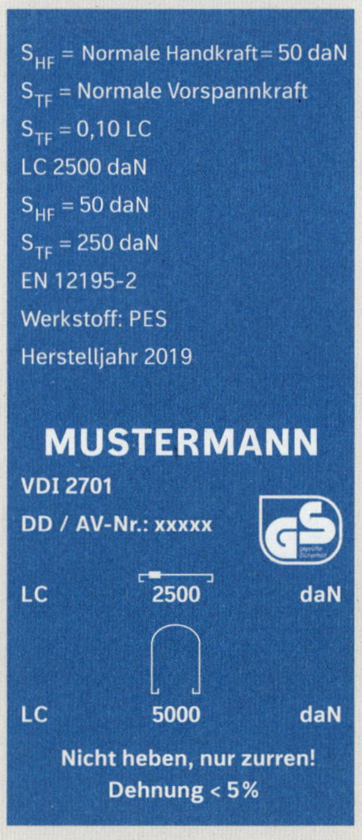

Tabelle 1: Gleit-Reibbeiwerte μ

Materialkombination	Zustand		
	Trocken	**Nass**	**Fettig**
Holz auf Holz	0,20 – 0,50	0,20 – 0,25	0,05 – 0,15
Metall auf Holz	0,20 – 0,50	0,20 – 0,25	0,02 – 0,10
Metall auf Metall	0,10 – 0,25	0,10 – 0,20	0,01 – 0,10
Beton auf Holz	0,30 – 0,60	0,30 – 0,50	0,10 – 0,20

Wichtiger Hinweis:
Bei Gleit-Reibbeiwerten von weniger als μ = 0,2 erhöht sich die Anzahl der erforderlichen Zurrgurte extrem.

Tabelle 2: Einfachmethode Niederzurren (Anzahl der erforderlichen Zurrgurte)

Gewicht der Ladung		1 t			2 t			3 t			4 t			6 t		
		Zurrwinkel α														
Vorspannkraft	**Reibbeiwert μ**	**35**	**60**	**90**	**35**	**60**	**90**	**35**	**60**	**90**	**35**	**60**	**90**	**35**	**60**	**90**
250 daN	0,2	10	7	6	20	14	12	31	21	18	41	28	24	62	42	36
	0,3	6	4	3	12	8	7	17	12	10	23	15	13	35	23	20
	0,6	2	2	2	2	2	2	3	2	2	5	3	3	7	5	4
500 daN	0,2	5	4	3	10	8	6	16	11	9	21	14	12	32	21	18
	0,3	3	2	2	6	4	3	9	6	5	12	8	7	17	12	10
	0,6	2	2	2	2	2	2	2	2	2	2	2	2	3	2	2
750 daN	0,2	3	2	2	7	5	4	10	7	6	14	9	8	20	14	12
	0,3	2	2	2	4	3	2	6	4	3	8	5	4	12	8	7
	0,6	2	2	2	2	2	2	2	2	2	2	2	2	2	2	2

b) Die ermittelte erforderliche Zahl an Zurrgurten ist praktisch nicht sinnvoll.
Durch welche Maßnahme können Sie die Zahl der Zurrgurte auf vier (Reibbeiwert μ = 0,6) vermindern?

____

____

c) Warum sollten Sie zur Ladungssicherung vor jeder Beladung die Ladefläche, z. B. mit einem Besen, reinigen?

____

____

____

6. Die Holzkiste wird mit einem Kran auf den Lkw geladen.

a) Welche Ketten-Nenndicke in mm ist bei vier Kettensträngen und einem Neigungswinkel β von 50° erforderlich? Verwenden Sie dazu die Tragfähigkeitstabelle im Lehrbuch Logistische Prozesse, Lernfeld „Güter im Betrieb transportieren".

____

b) Nennen Sie vier Verhaltensweisen, die beim Einsatz von Kranen zu beachten sind.

____

____

____

____

____

____

Praktische Übung

Übung 2: Einen Lkw nach Tourenplan beladen

Situation

Sie sind als Fachkraft für Lagerlogistik im Bereich Warenausgang eines Handelsunternehmens in Frankfurt/Main tätig. Es ist Ihre Aufgabe, einen Lkw mit den auf der Verladerampe bereitstehenden Packstücken zu beladen. Es steht Ihnen ein Lkw mit 17 Stellplätzen für Europaletten zur Verfügung, der bauartbedingt nur von hinten be- und entladen werden kann.

Arbeitsauftrag

1. Erstellen Sie anhand der auf der Seite 214 abgebildeten Landkarte einen Tourenplan.

2. Entwickeln Sie aus dem Tourenplan den Beladeplan.
   Tragen Sie die Buchstaben der Kunden in die Palettenplätze des Lkw ein.

Laufende Nummer	Tourenplan Ort
1	________________
2	________________
3	________________
4	________________
5	________________
6	________________

Verladeliste

Empfänger	Lieferort	Anzahl Europaletten	Bruttogewicht pro Palette	Bruttogewicht gesamt
Kunde A	Bamberg	4	900 kg	3600 kg
Kunde B	Hof	2	500 kg	1000 kg
Kunde C	Frankfurt	1	700 kg	700 kg
Kunde D	Würzburg	3	800 kg	2400 kg
Kunde E	Eisenach	3	300 kg	900 kg
Kunde F	Heidelberg	4	200 kg	800 kg

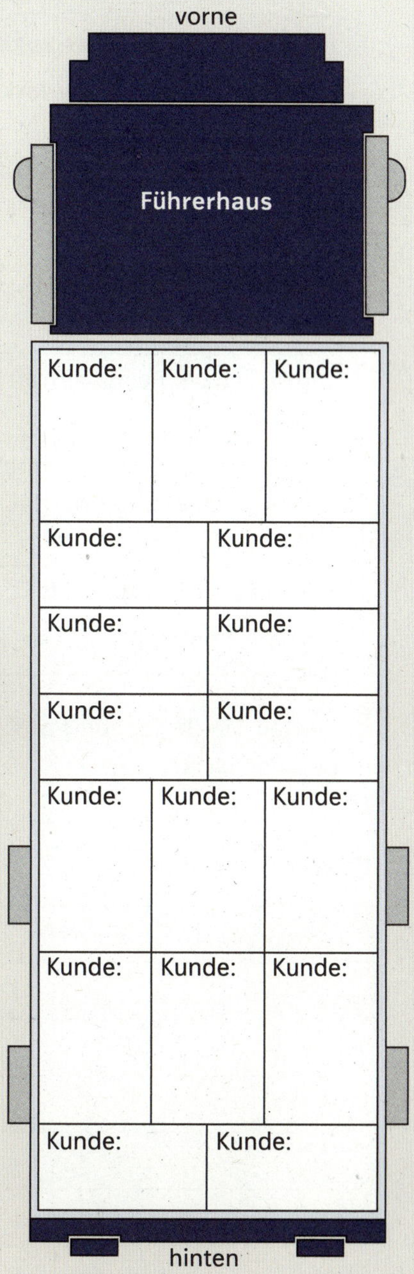

3. Die Ladung wird lückenlos auf dem Lkw verstaut. Die Lastverteilung nach dem Lastverteilungsdiagramm ist gewährleistet. Die Ladungssicherung soll durch die Ladebordwände erfolgen. Der Lkw hat eine Nutzlast von 10 t. Der Gleitreibbeiwert zwischen Ladefläche und Ladung beträgt $\mu = 0{,}3$.

a) Welche Art der Ladungssicherung kommt in diesem Fall zur Anwendung?

____

____

b) Überprüfen Sie rechnerisch, ob die Sicherung der Ladung nach vorn durch die Stirnwand der Ladefläche ausreichend ist. Nehmen Sie dazu alle notwendigen Eintragungen in der abgebildeten Übersicht vor.

Nutzlast des Fahrzeugs in kg	
Tatsächliches Ladungsgewicht in kg	
Gleitreibbeiwert μ Ladefläche/Ladung	

Berechnung der im Lkw wirksamen Kräfte

	Berechnung	Ergebnis
Gewichtskraft der Ladung F_G in daN $F_G = m \cdot g$ (g = 10)		
nach vorn zu sichernde Kraft F_M in daN $\mathbf{F_M = 0{,}8 \cdot F_G}$		
abzüglich der Reibungskraft F_R in daN $F_R = \mu \cdot F_G$		
abzüglich der Sicherungskraft F durch die Stirnwand (40 % der Nutzlast, aber maximal 5000 daN) in daN		
noch zu sichernde Kraft F_S (Differenzkraft)		

c) Werten Sie Ihr Ergebnis aus. Begründen Sie, ob eine zusätzliche Ladungssicherung nach vorn erforderlich ist.

____

____

____

____

____

____

____

____

____

____

Lernfeld 9:
Güter versenden

Arbeitsblatt 1: Der Güterverkehr in der Wirtschaft

1. Unterscheiden Sie die Begriffe „Verkehrsmittel" und „Verkehrsträger".

2. Vergleichen Sie das Verkehrsaufkommen der verschiedenen Verkehrsträger in der Bundesrepublik Deutschland auf Grundlage der vorgegebenen Zahlenwerte.

a) Berechnen Sie die prozentualen Anteile der einzelnen Verkehrsträger am Gesamtverkehrsaufkommen der einzelnen Jahre. Geben Sie die Prozentsätze mit zwei Stellen nach dem Komma an. Vervollständigen Sie dazu die folgende Übersicht:
Verkehrsaufkommen in der Bundesrepublik Deutschland: beförderte Tonnen in Millionen

Jahr / Verkehrsträger	1970 Mio. Tonnen	1970 in %	1980 Mio. Tonnen	1980 in %	2000 Mio. Tonnen	2000 in %	2007 Mio. Tonnen	2007 in %	2017 Mio. Tonnen	2017 in %
Eisenbahnverkehr	378,0		350,1		299,1		361,1		348,5	
Binnenschifffahrt	240,0		241,1		242,2		249,0		222,7	
Seeschifffahrt	131,9		154,3		238,3		311,0		249,9	
Luftverkehr	0,3869		0,7103		2,4		3,5		4,8	
Straßengüterverkehr	2136,9		2553,2		3244,2		3383,5		3642,9	
gesamt		~100		~100		~100		~100		~100

b) Vergleichen Sie die Entwicklung der Verkehrsträger Eisenbahn und Lkw-Güterverkehr und begründen Sie diese Entwicklung.

c) Warum unterscheiden sich die Zahlenwerte der Abbildung „Deutschland mobil“ im Lehrbuch, Lernfeld 9, Kapitel 1 „Der Güterverkehr in der Wirtschaft“ von den Zahlenwerten der oberen Tabelle?

3. Eine günstige Transportmöglichkeit, die die Vorzüge der einzelnen Transportverkehrsträger miteinander vereint, ist der multimodale Verkehr.

a) Was versteht man unter multimodalem Verkehr?

b) Nennen Sie Verkehrsmittel, die im multimodalen Verkehr häufig sinnvoll miteinander kombiniert werden.

____

____

____

____

____

c) Welcher Transportbehälter ist für den multimodalen Transport am besten geeignet?

____

Arbeitsblatt 2: Frachtgeschäft

1. In welchen Bereichen des Güterverkehrs werden die handelsgesetzlichen Vorschriften über den Frachtvertrag angewendet?

____

____

____

2. Welche Personen sind am Frachtvertrag beteiligt? Ergänzen Sie das folgende Schaubild.

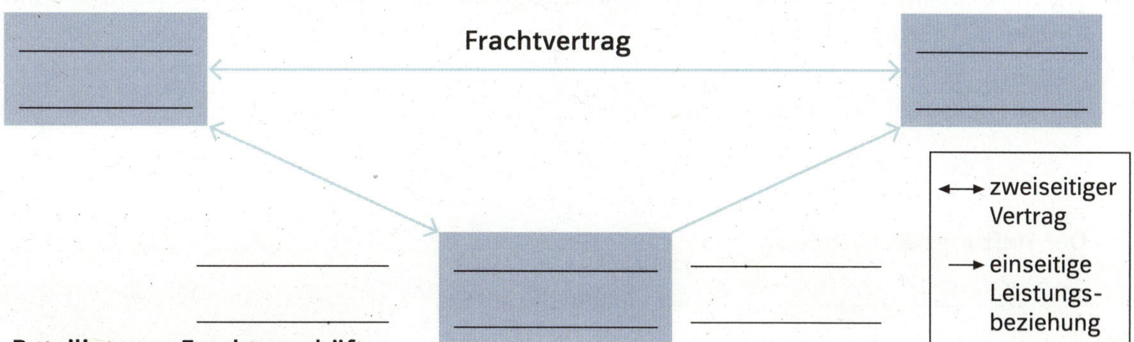

Beteiligte am Frachtgeschäft

3. Das Frachtgeschäft ist ein zweiseitiges Rechtsgeschäft zugunsten eines Dritten. Erklären Sie diese Aussage.

____

____

____

____

____

____

4. Welche Beweiskraft hat der Frachtbrief nach § 409 HGB?

____

____

____

____

____

____

____

____

____

____

____

____

____

____

____

____

5. Ergänzen Sie den folgenden Text zur **Schadenregulierung** aus einem Frachtgeschäft anhand der §§ 429, 431, 438 und 439 HGB.

Schadenersatz: Ersetzt wird höchstens ______________________ zur ______________ zur Beförderung.

Der Haftungshöchstbetrag ist auf ______________________ je ______________ begrenzt.

Die Haftung des Frachtführers bei **Verspätungsschaden** ist auf ______________ ________ beschränkt.

Die **Schadenanzeige** muss innerhalb einer bestimmten Frist an den Frachtführer erfolgen:

Leistungsstörung	Meldefrist
äußerlich erkennbare Schäden	
äußerlich nicht erkennbare Schäden	
Lieferfristüberschreitung	

Ansprüche aus der Beförderung **verjähren** ______________ nach Ablieferungstag.

6. Vervollständigen Sie mithilfe des Lehrbuches die folgende Übersicht zu den rechtlichen Grundlagen des **Frachtgeschäftes** nach dem HGB.

Vertrags-partner	§ 407 Frachtführer	§ 407 Absender
Haupt-pflichten	**§ 407** ______	**§ 407** ______
Neben-pflichten	**§ 412** ______	**§ 408** ______
	§ 413 ______	**§ 410** ______
	§ 418 ______	**§ 411** ______
	§ 422 ______	**§ 412** ______
	§ 423 ______	**§ 413** ______
Haftung	**§ 425** ______	**§ 414** ______

Arbeitsblatt 3: Speditionsvertrag

1. Welche Personen sind am Speditionsvertrag beteiligt? Ergänzen Sie die folgende Darstellung.

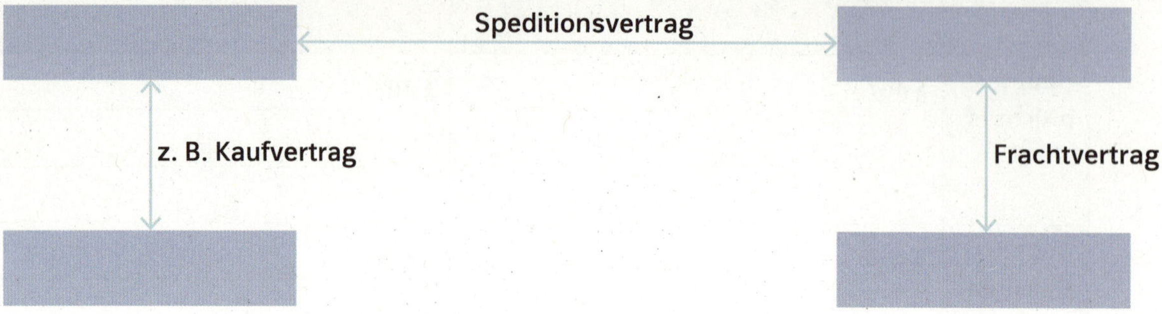

2. Der Spediteur hat die Pflicht, die Versendung zu besorgen, d. h. die Beförderung zu organisieren. Welche grundlegenden Aufgaben hat er dabei zu erfüllen?

a) ______________________________

____

b) ______________________________

____

____

____

c) ______________________________

____

3. Nach dem HGB hat der Spediteur das Recht, Transporte selbst durchzuführen. Spediteur und Frachtführer ist ein und dieselbe Person. Wie bezeichnet man diesen Fall?

____

4. Welche Pflichten geht der **Versender** mit Unterzeichnung des Speditionsvertrages ein? Ergänzen Sie die Übersicht.

Hauptpflicht	**§ 453 § 456**	______________________________
Nebenpflicht	**§ 455**	______________________________ ______________________________ ______________________________ ______________________________ ______________________________

5. Der Versender haftet gegenüber dem Spediteur verschuldensunabhängig für Schäden, die verursacht werden durch:

6. Wann verjähren Ansprüche aus dem Speditionsvertrag?

Arbeitsblatt 4: Grundlagen für den Güterkraftverkehr

1. In welche Straßen ist das öffentliche Straßennetz in Deutschland aufgeteilt?

2. Vergleichen Sie den Transport von Gütern auf der Straße und der Schiene.

   a) Welche Vorteile hat der Güterverkehr auf der Straße?

   b) Welche Nachteile hat der Güterverkehr auf der Straße?

3. Welche Maße und Gewichte dürfen nach der Straßenverkehrs-Zulassungs-Ordnung nicht überschritten werden?

   a) beim Einzelfahrzeug

   b) beim Gliederzug

   c) beim Sattelfahrzeug

4. Woraus setzt sich das Gesamtgewicht eines Fahrzeugs zusammen?

___

5. In welche zwei Arten unterteilt sich nach dem Güterkraftverkehrsgesetz der Güterkraftverkehr?

___

6. Wann liegt kein Güterkraftverkehr im Sinne des Güterkraftverkehrsgesetzes vor? Nennen Sie zwei Beispiele.

___

___

7. Welche Voraussetzungen muss ein Unternehmen nach dem Güterkraftverkehrsgesetz erfüllen, damit ein Werkverkehr vorliegt?

___

___

8. Welcher Güterkraftverkehr ist
a) erlaubnisfrei,
b) erlaubnispflichtig?

a) ___

b) ___

9. Wer erteilt die Erlaubnis?

___

10. Welche Voraussetzungen müssen erfüllt sein, damit einem **neuen** Transportunternehmen die Erlaubnis erteilt wird?

___

___

___

___

11. Wie viele Erlaubnisausfertigungen erhält ein Transportunternehmen?

___

12. Ein deutscher Güterkraftverkehrsunternehmer möchte Güter auch grenzüberschreitend befördern.

a) In welchen Ländern darf er Güter mit der Gemeinschaftslizenz befördern?

___

___

b) In welchen Ländern darf er Güter mit der CEMT-Genehmigung befördern?

c) Wie lange gelten diese Erlaubnisse?

d) Suchen Sie alle Länder aus a) und b) auf einer Landkarte.

13. Was bedeutet „Freigabe des Kabotageverkehrs"?

14. Unter welchen Voraussetzungen kann einem Transportunternehmen die Erlaubnis entzogen werden?

15. Welche Unterlagen hat der Fahrer auf der Fahrt mitzuführen?

16. Wie ist der Güterkraftverkehr versicherungsmäßig im Inland geregelt?

17. Die Arbeitszeiten im Güterverkehr sind international geregelt.

a) Warum werden diese Fahrpersonalvorschriften im Güterverkehr erlassen?

b) Wie viele Stunden darf die tägliche Lenkzeit maximal betragen?

c) Wie viele Stunden muss die tägliche Ruhezeit mindestens betragen?

d) Wodurch kann die Einhaltung dieser Zeiten überwacht werden?

18. Im Güterkraftverkehr werden moderne Informations- und Kommunikationssysteme (IuK-Systeme) verstärkt eingesetzt.

a) Erklären Sie anhand von Beispielen den Unterschied zwischen unternehmensexternen und unternehmensinternen IuK-Systemen.

b) Erklären Sie den Unterschied zwischen erdgestützten und satellitengestützten Informationsübermittlungssystemen.

c) Nennen Sie ein Beispiel für ein Fahrerassistenzsystem. Welche Vorteile bieten Fahrerassistenzsysteme?

d) Warum gehört der Bordcomputer zu den unternehmensinternen IuK-Systemen?

19. Wie heißt die Bundesbehörde, die den Güterkraftverkehr überwacht?

20. Welche Prüfungen kann diese Behörde durchführen? Nennen Sie fünf Prüfungen.

21. Wo darf die Behörde diese Prüfungen durchführen?

22. Welche Möglichkeiten hat die Behörde beim Vorliegen einer Ordnungswidrigkeit?

23. Das Bundesamt für Güterverkehr beobachtet und begutachtet die Entwicklung des Güterverkehrs. Dazu führt sie drei wichtige Dateien. Um welche Dateien handelt es sich?

24. Die Ausstellung eines Frachtbriefs als Begleitpapier im Güterkraftverkehr ist zwar üblich, aber nicht vorgeschrieben.

a) Welche anderen Begleitpapiere kennen Sie aus der Praxis?

b) Wer erhält je eine Ausfertigung des Originalfrachtbriefs?

c) Was wird durch den vom Absender und Frachtführer unterschriebenen Frachtbrief bewiesen?

d) Was ist anzunehmen, wenn im Frachtbrief vom Frachtführer keine Vorbehalte eingetragen sind?

Arbeitsblatt 5: Frachtpost

1. Wofür steht der Name DHL?

____

____

____

____

2. Familie Fröhlich aus Berlin beabsichtigt in den Urlaub zu fahren und gibt heute einige Sendungen bei DHL zum Versand auf. Entscheiden Sie, welche Sendungsart für die Sendung a–d geeignet ist.

a) Reisekoffer für den Urlaub an die Nordsee (25 kg; 1 m × 0,60 m × 0,40 m)	______________
b) Bücherregal, zerlegt und verpackt für den Sohn, der in München studiert (95 kg; 3,20 m × 1 m × 0,40 m)	______________
c) Konserven, Kosmetik, Jeans und Stiefel für die Tochter, die in Hamburg eine Ausbildung macht (15 kg; 0,60 m × 0,40 m × 0,40 m)	______________
d) Geschenkpackung Süßwaren für die Freundin in Kassel (1,5 kg; 0,40 m × 0,30 m × 0,15 m)	______________

3. Frachtpostsendungen erhalten computerlesbare Barcodes, die alle für die Beförderung notwendigen Informationen enthalten. Wie heißen die beiden Barcodes und welche Informationen enthalten sie?

____

____

____

____

____

____

4. Mithilfe dieser Barcodes ist eine computerunterstützte Paketverfolgung möglich.

a) Welchen Vorteil hat dies?

____

____

____

b) Welchen englischen Begriff für Paketverfolgung kennen Sie?

____

c) Was bedeutet dies wörtlich übersetzt in deutscher Sprache?

____

5. Tragen Sie die Daten ein. Informieren Sie sich dafür in der Broschüre „Leistungen und Preise" der Deutschen Post AG/DHL oder im Internet.

	Höchstmaße	Höchst-gewicht	Haftung	Freimachung vorgeschrieben	Rollenform möglich
Päckchen					
Pluspäckchen (Verpackung + Porto)					
Paket					
e-Paket					

6. Welche Serviceleistungen werden dem Postkunden gegen Zahlung eines Entgelts geboten?

a) Service Sicher:

b) Service Inkasso:

c) sonstiger Service:

7. Die Deutsche Post AG/DHL versendet auch sperrige Sendungen.

a) Welche Sendungen gelten als sperrig?

b) Welche sperrigen Pakete werden von der Deutschen Post AG/DHL nicht mehr befördert?

c) Ein Paket hat folgende Maße: Länge 180 cm, Breite 110 cm, Höhe 75 cm. Ermitteln und entscheiden Sie, ob die Deutsche Post AG/DHL dieses Paket befördert.

8. Welche Sendungen sind durch die Deutsche Post AG/DHL von der Beförderung ausgeschlossen?

9. Versandhäuser versenden kostengünstig Kataloge an viele Kunden.

a) Welche Sendungsart ist dafür geeignet?

b) Welche Vorraussetzungen müssen Infopost-Sendungen erfüllen?

Arbeitsblatt 6: Bedeutung der KEP-Dienste

1. Was bedeutet die Abkürzung KEP-Dienste?

2. Worin unterscheiden sich die verschiedenen KEP-Dienste? Ordnen Sie den nachfolgenden Erklärungen die entsprechenden Dienste zu.
Dienste:
a) Kurierdienst
b) Expressdienst
c) Paketdienst

Erklärungen:

(1) Sie übernehmen die Sendung vom Auftraggeber und befördern Sie persönlich und direkt zum vorgegebenen Empfänger. ☐

(2) Sie sind häufig in Städten mit Fahrrädern oder Mopeds im Einsatz, um eine schnelle Zustellung zugewährleisten. ☐

(3) Sie befördern eine Sendung vom Auftraggeber zum Empfänger nicht direkt und persönlich, sondern über Umschlagszentren. In den meisten Fällen erfolgen die Beförderungen als Sammeltransporte (zwei Dienste). ☐ ☐

(4) Sie befördern zwar nicht direkt und persönlich zum Empfänger, garantieren aber einen festen Auslieferungstermin an den Empfänger. ☐

(5) Sie garantieren zwar keinen festen Auslieferungstermin, doch erfolgt die Auslieferung an den Empfänger i. d. R. innerhalb einer angemessenen Lieferzeit. ☐

3. a) Zählen Sie die verschiedenen KEP-Dienste auf, mit denen Ihr Ausbildungsbetrieb zusammenarbeitet.

b) Welche weiteren KEP-Dienste kennen Sie?

c) Was verstehen Sie unter den Begriffen „B2B“ und „B2C“?

4. Welche Vorteile bieten KEP-Dienste?

5. Begründen Sie, warum KEP-Dienste Gurtmaße festlegen.

____

____

____

____

____

6. Überprüfen Sie anhand nachfolgender Kriterien, ob eine Versendung möglich ist.
Der KEP-Dienstleister „zügig" hat u. a. nachfolgende Geschäftsbedingungen:

Maximale Gewichtsobergrenze je Paket	34 kg
Maximales Gurtmaß	400 cm
Maximale Länge je Paket	165 cm

a) Überprüfen Sie, ob die Versendung der Paketvarianten A, B, C und D anhand der Geschäftsbedingungen der „zügig" möglich ist.

b) Ergänzen Sie hierzu in der Tabelle 1 die Spalten F, G und H in den grau unterlegten Zellen für das Gurtmaß, das Gewicht und der max. Länge sachgerecht.

c) Markieren Sie das Ergebnis ihrer Prüfung mit einem Kreuz bei ja oder nein in den grau unterlegten Feldern der Spalten I oder J der Tabelle.

d) Begründen Sie ein mögliches „Nein" in der Spalte K.

	A	B	C	D	E	F	G	H	I	J	K
1	Paket	Länge in cm	Breite in cm	Höhe in cm	Gewicht in kg	Prüfung von Gurtmaß/Gewicht/Länge					Begründung für ein mögliches Nein
2						Gurtmaß	Gewicht	Länge	Ja	Nein	
3	A	90	80	80	33,5						
4	B	150	50	50	32,5						
5	C	110	70	22	34,6						
6	D	170	28	22	25,5						

7. Bringen Sie die nachfolgenden Arbeitsschritte bei einem KEP-Dienst in die richtige Reihenfolge, indem Sie in die Kästchen die Ziffern 1 bis 9 eintragen. Beachten Sie dabei folgende Abbildung.

Auftraggeber → Quelldepot → HUB → Zieldepot → Empfänger

Verwaltungsmäßige und körperliche Kontrolle der Sendung im Quelldepot ☐
Zustellung der Sendung vom Zieldepot durch Subunternehmer an den Kunden ☐
Weiterleitung der Sendung vom HUB zum Zieldepot ☐
Zuordnung des Kundenauftrags an den Fahrer, der die Sendung beim Auftraggeber abholen soll ☐
Entladung der Sendung im HUB in Boxen je nach Zieldepot ☐
Abholung der Sendung beim Auftraggeber und Transport zum Quelldepot ☐
Anmeldung der Sendung durch den Auftraggeber beim Quelldepot ☐
Kontrolle, ob die Sendung laufzeitgerecht und mängelfrei zugestellt wurde ☐
Weiterleitung der Sendung vom Quelldepot zu einem HUB (Hauptumschlagsplatz) ☐

8. Die KEP-Dienste sind Logistikdienstleister für den E-Commerce-Handel.

a) Was verstehen Sie unter E-Commerce?

___

b) Welche Aufgaben übernehmen die KEP-Dienste im Rahmen von E-Commerce?

___

___

c) Welche Zahlungsmöglichkeiten gibt es beim Kauf per Internet? Welcher Zahlungsart gehört die Zukunft? Begründen Sie Ihre Aussage.

___

___

___

___

___

9. KEP-Dienste setzen für die rationelle Abwicklung des Gütertransports moderne Technologien ein. (Informationen zu dieser Aufgabe entnehmen Sie Lernfeld 1 „Güter annehmen und kontrollieren".)

a) Was bedeutet die Abkürzung RFID?

___

b) Kernstück der RFID-Technologie ist ein Transponder. Aus welchen Wortabkürzungen setzt sich der Begriff Transponder zusammen?

___

c) Woraus besteht ein Transponder?

___

d) Wo wird der Transponder angebracht?

___

___

e) Welche Aufgaben hat der Transponder als Kommunikationsmittel auf dem Transport und bei der Warenannahme?

____

____

____

____

____

f) Welche Vorteile hat der Transponder gegenüber dem Barcode?

____

____

Arbeitsblatt 7: Deutsche Bahn AG

1. Welche logistischen Dienstleistungen bietet die Deutsche Bahn AG an? Informieren Sie sich auch im Internet.

____

____

____

____

____

____

____

____

____

____

2. Ordnen Sie die abgebildeten Güterwagen dem Wagentyp zu und ergänzen Sie die Gattungsbuchstaben.

Wagentyp	Gattung	Abbildung	Wagentyp	Gattung	Abbildung
Wagen für Druckluftentladung	______	______	Zweiachsiger Flachwagen	______	______
Offene Wagen	______	______	Vierachsiger Drehgestellflachwagen	______	______
Gedeckte Wagen	______	______	Sechsachsiger Drehgestellflachwagen	______	______

Abbildung 1

Abbildung 2

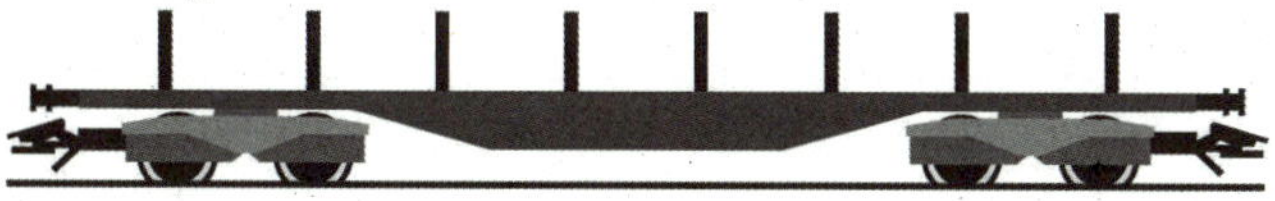

Abbildung 3

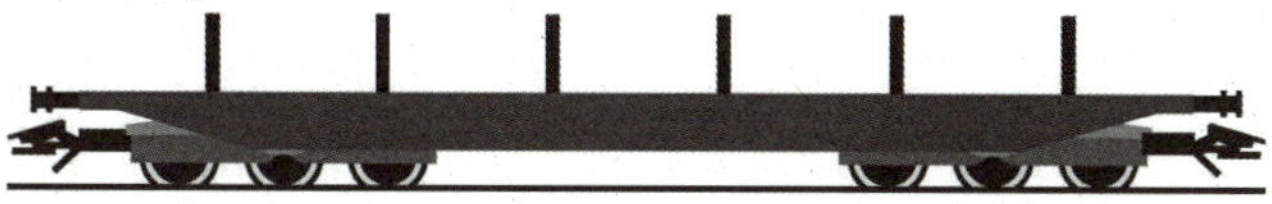

Abbildung 4

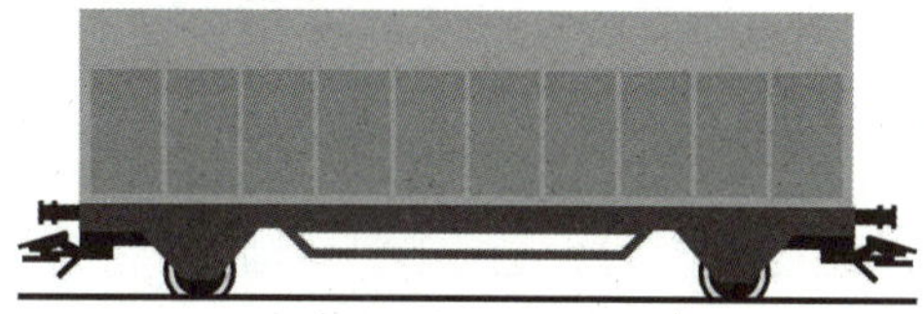

Abbildung 5

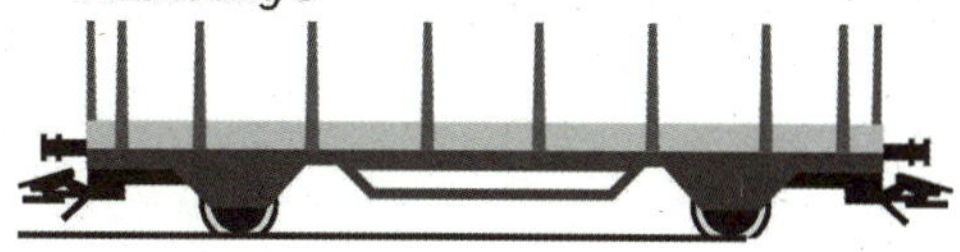

Abbildung 6

Arbeitsblatt 8: Wagenladungsverkehr

1. Wer Güter per Wagenladung versenden will, gibt im Kundenservicezentrum Duisburg seine Bestellung auf. Eine Bestellung sollte folgende Angaben enthalten:

____

____

____

____

____

____

____

____

2. Vervollständigen Sie den folgenden Lückentext mithilfe des Lehrbuchabschnitts „Wagenladungsverkehr".

Auf Bestellung befördert die Bahn Güterwagen zu ____________________ des Kunden oder zu einem öffentlichen ____________ .

Der Kunde hat die Wagen selbst zu be- und entladen. Außerdem hat der Kunde bereitgestellte Wagen vor dem Verladen ________________ für den vorgesehenen Verwendungszweck sowie auf ________________ zu prüfen und die Bahn über Beanstandungen unverzüglich zu ____________ .

Die Bahn holt die Einzelwagen von den Anschlussgleisen oder Güterverkehrsstellen (Freiladegleisen) ab und transportiert sie zu den nächstgelegenen ______________ .

Dort werden die Wagen oder Wagengruppen zu _____________ zusammengestellt.

3. Rangierzeiten können verkürzt werden durch:

4. Nennen Sie die Vorteile von Einzelwagentransporten.

Arbeitsblatt 9: Transporte im Schienengüterverkehr vorbereiten

Sie sind Mitarbeiter der Transport- und Logistik GmbH Ökotrans. Ihr Unternehmen will zukünftig Transporte über große Entfernungen auf die Schiene verlegen. Sie werden beauftragt, sich über die Allgemeinen Leistungsbedingungen der DB Cargo AG (ALB) zu informieren und dazu folgende Fragen zu beantworten.

1. In welcher Form können Sie den Transportauftrag erteilen? An wen wenden Sie sich?

____
____
____
____
____
____
____
____
____
____
____
____

2. In welchem Zeitfenster müssen Sie Transportaufträge erteilen?

____
____
____

3. Wofür ist der Kunde gegenüber DB Cargo verantwortlich?

   a) vor der Verladung:

   ____
   ____
   ____
   ____
   ____

Auszug aus den Allgemeinen Leistungsbedingungen der DB Cargo AG

[...] 2 Transportaufträge

2.1 Der Kunde hat bei Erteilung des Transportauftrags die nach § 408 HGB erforderlichen Angaben zu machen und haftet für ihre Richtigkeit und Vollständigkeit entsprechend § 414 HGB auch ohne die Ausstellung eines Frachtbriefs.

2.2 Der Kunde hat zudem im Transportauftrag den Zeitpunkt, ab dem die Übernahme der Wagen durch DB Cargo möglich ist (Bereitstellungszeitpunkt Versand/BZV), anzugeben. Der für das Erreichen eines Abfahrtszeitpunktes spätest mögliche BZV wird durch DB Cargo festgelegt und dem Kunden übermittelt. [...]

2.3 Soweit nicht anders vereinbart, sind Transportaufträge ausschließlich an den Kundenservice von DB Cargo zu richten. [...] Transportaufträge [...] müssen bis spätestens 1 Stunde vor dem BZV komplettiert werden. Der Buchungszeitraum endet 1 Stunde vor dem geplanten BZV.

2.4 Der Transportauftrag gilt als angenommen, wenn DB Cargo nicht innerhalb einer angemessenen Frist widerspricht. Eine schriftliche Auftragsbestätigung erfolgt nur, wenn dies mit dem Kunden besonders vereinbart ist. Eine Zwischennachricht stellt keine Auftragsbestätigung dar.

2.5 Die auf einem Frachtbrief oder mit einem Transportauftrag aufgelieferten Güter bilden eine Sendung. [...]

2.6 Soweit nichts anderes vereinbart ist, ist vom Kunden ein Frachtbrief nach dem Frachtbriefmuster auszustellen, das unter www.dbcargo.com/alb eingesehen werden kann.

Der Frachtbrief wird von DB Cargo nicht unterschrieben; gedruckte oder gestempelte Namens- oder Firmenangaben gelten nicht als Unterschrift.

3 Leistungserbringung durch Subunternehmer

DB Cargo ist berechtigt, zur Leistungserstellung Subunternehmer einzusetzen.

4 Von DB Cargo gestellte Wagen und Ladeeinheiten (LE)

4.1 Von DB Cargo zu stellende Wagen sind spätestens bis 10 Uhr des Werktags – ausgenommen samstags – vor dem Bedarfstag beim Kundenservice der DB Cargo zu bestellen. Sie werden nach Verfügbarkeit disponiert. Die Bestellungen sollen der aktuellen Aufnahmekapazität der Verladeanlagen entsprechen.

b) nach dem Bahntransport:

4. Wofür haftet der Kunde?

5. Welche Vorschriften gelten hinsichtlich der Be- und Entladung?

4.2 Der Kunde ist für die korrekte Angabe der benötigten Anzahl und Gattung von Wagen und LE sowie der Destination verantwortlich; für die Bereitstellung von Wagen und LE vor Abschluss eines Frachtvertrages gelten § 412 Abs. 3, § 415 sowie § 417 HGB entsprechend.

4.3 Sofern nicht etwas anderes vereinbart ist, ist DB Cargo berechtigt, die Art der zu stellenden Wagen und LE, insbesondere auch die Wagengattung, auch wenn diese im Transportauftrag genannt ist, unter Berücksichtigung der Interessen des Kunden den jeweiligen Erfordernissen anzupassen.

4.4 Der Kunde hat Wagen und LE vor Verladung auf ihre Eignung für den vorgesehenen Verwendungszweck sowie auf sichtbare Mängel zu prüfen und DB Cargo über Beanstandungen unverzüglich zu informieren.

4.5 Der Kunde haftet für alle Schäden an Wagen und LE, die durch ihn oder einen von ihm beauftragten Dritten verursacht werden inklusive der Folgekosten für einen erforderlichen Werkstattaufenthalt. Darüber hinaus haftet der Kunde unabhängig von einem Verursachungsbeitrag für alle Schäden an Wagen und LE zwischen dem Zeitpunkt der Bereitstellung beim Kunden, bei einem für ihn tätigen Dritten oder beim Empfänger und der Übernahme der Wagen durch DB Cargo. Der Kunde haftet nicht, wenn der Schaden auf einen Mangel zurückzuführen ist, der bei der Übergabe bereits vorhanden war. Beschädigungen und Unfälle sind unverzüglich und schriftlich an den Kundenservice von DB Cargo zu melden.

4.6 Der Kunde ist dafür verantwortlich, dass entladene Wagen und LE verwendungsfähig, d.h. vollständig geleert, vorschriftsmäßig entseucht und/oder gereinigt sowie komplett mit losen Bestandteilen, ferner fristgerecht am vereinbarten Übergabepunkt oder Terminal zurückgegeben werden. Bei Nichterfüllung erhebt DB Cargo ein Entgelt nach „Standardtarife und weitere Bestimmungen derDB Cargo AH“ für entstandene Aufwendungen.

Ein weitergehender Schadensersatzanspruch bleibt hiervon unberührt. [...]

4.8 Der Kunde ist verpflichtet, die von DB Cargo gestellten Wagen und LE ausschließlich zu dem vertraglich vorgesehenen Zweck zu verwenden. [...]

6 Ladevorschriften

6.1 Bei der Verladung und der Entladung sind die Vorgaben der Verladerichtlinien von DB Cargo zu erfüllen. DB Cargo ist berechtigt, Wagen und LE auf betriebssichere Verladung zu überprüfen.

6.2 Verletzt der Kunde seine Verpflichtung aus Ziff. 6.1, besteht eine erhebliche Abweichung zwischen

6. Die Transport- und Logistik GmbH Ökotrans will zukünftig vor allem kombinierten Verkehr (KV) durchführen. Welche Ladeeinheiten werden von der DB Cargo anerkannt?

7. Welche Voraussetzungen gelten für den KV?

vereinbartem und tatsächlichem Ladegut, wird das zulässige Gesamtgewicht überschritten oder durch die Art des Gutes oder der Verladung die Beförderung behindert, ihre sichere Durchführung gefährdet oder liegt ein Verstoß gegen gesetzliche Bestimmungen vor, wird DB Cargo, wenn diese Umstände für DB Cargo erkennbar sind, den Kunden auffordern, innerhalb angemessener Frist Abhilfe zu schaffen. Nach fruchtlosem Fristablauf ist DB Cargo berechtigt, auch die Rechte entsprechend § 415 Abs. 3 Satz 1 HGB geltend zu machen.

6.3 Der Kunde ist verpflichtet, Be- und Entladereste an der Ladestelle einschließlich der Zufahrtswege unverzüglich auf eigene Kosten zu beseitigen. [...]

11 Besondere Bedingungen für den Kombinierten Verkehr

11.1 Kombinierter Verkehr (KV) im Sinne dieser Bestimmungen ist die Beförderung einer beladenen oder leeren Ladeeinheit (LE).

11.2 Als LE in diesem Sinne gelten:
- Großcontainer (Binnencontainer für den europäischen Festlandverkehr und Container für den Überseeverkehr, die nach ISO genormt sind),
- Wechselbehälter (d.h. im Betrieb austauschbare Aufbauten) nach CEN-Normen,
- Sattelanhänger, Lastzüge und Sattelkraftfahrzeuge (letztere beide bei „Rollender Landstraße“) nach StVZO.

11.3 Wechselbehälter, Sattelanhänger, Lastzüge und Sattelkraftfahrzeuge (beladen oder leer) werden zur Beförderung nur angenommen, wenn sie kodifiziert sind.

11.4 Der Kunde ist dafür verantwortlich, dass bei beladenen Ladeeinheiten die Verschlusseinrichtungen durch Sicherungsmittel (z.B. Plomben) gesichert werden. [...]

Quelle: Allgemeine Leistungsbedingen der DB Cargo AG (ALB). In: www.dbcargo.com. 01.01.2020. https://www.dbcargo.com/resource/blob/4607916/7a81d43ac2c9d9a147da9959faf0ba77/ALB_Preisliste-2020-data.pdf [10.01.2020].

Arbeitsblatt 10: Ganzzugverkehre

1. Nennen Sie die wesentlichen Merkmale von Ganzzugverkehren.

2. Welches Ganzzugprodukt ist durch folgende Leistungsmerkmale beschrieben?

	Bestellfrist ca. zwei Monate vor dem ersten Verkehrstag; regelmäßiger Transport großer Mengen auf bestimmten Relationen
	Kurzfristige Verfügbarkeit des Ganzzuges für den Kunden; Bestellfrist bis 24 Stunden vor Abfahrt

Arbeitsblatt 11: Kombinierter Verkehr

1. Nur wenige Bahnkunden verfügen über einen eigenen Bahnanschluss. Deshalb werden im Vorlauf und im Nachlauf des Gütertransportes mit der Bahn Lastkraftwagen eingesetzt.

a) Welche Vorteile sehen Sie in der Nutzung „kombinierter Verkehre“?

b) Tragen Sie in die Abbildung die folgenden Begriffe ein: Transport im Nachtsprung, Lkw-Vorlauf, Lkw-Nachlauf, Container-Terminal (Beladen), Container-Terminal (Entladen).

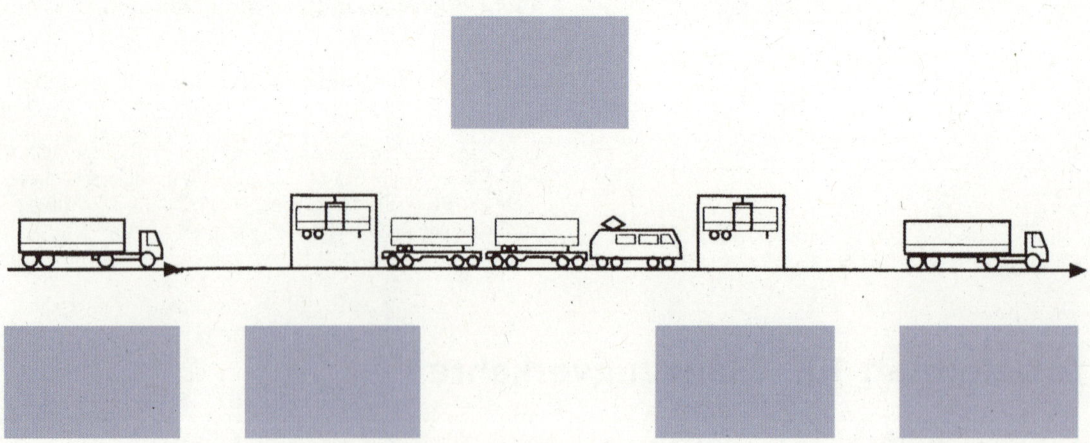

2. Für den kombinierten Verkehr gibt es verschiedene technische Möglichkeiten.
   a) Ordnen Sie die folgenden Bezeichnungen der Transportvarianten den Abbildungen zu.
   unbegleiteter Huckepackverkehr
   begleiteter Huckepackverkehr
   kombinierter Verkehr mit Containerumschlag

   b) Beschreiben Sie kurz diese drei Möglichkeiten.

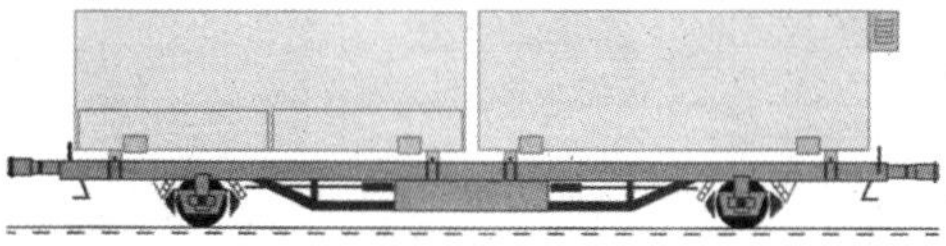

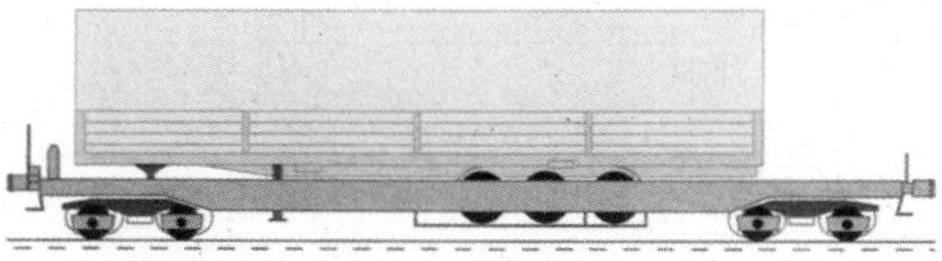

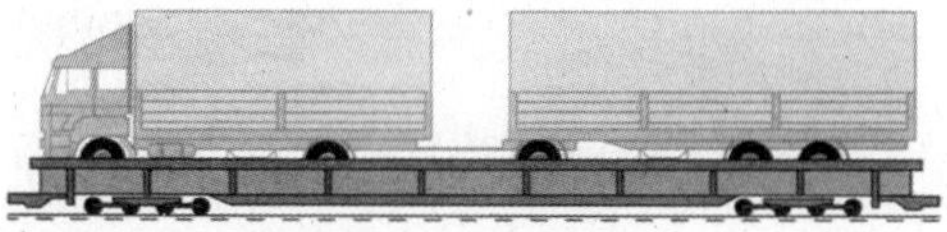

3. Unter **Trasse** versteht man im Eisenbahnwesen die zeitlich begrenzte Nutzung des Eisenbahnschienennetzes zwischen zwei Orten mit einem Zug bestimmter Bauart. Wodurch unterscheiden sich die folgenden Trassen?

Güterverkehrs-Standard-Trasse	______________________ ______________________ ______________________ ______________________
Güterverkehrs-Express-Trasse	______________________ ______________________ ______________________
Güterverkehrs-Zubringer-Trasse	______________________ ______________________ ______________________ ______________________ ______________________ ______________________ ______________________ ______________________

Arbeitsblatt 12: Binnenschifffahrt

1. Ergänzen Sie nach Bearbeitung des Kapitels „3.5.1 Binnenschifffahrt" den folgenden Text.

Die Schifffahrt stellt einen der wichtigsten ______________ in der Bundesrepublik Deutschland dar. Auf Flüssen und __________ werden Güter im Landesinneren transportiert. Haupt-Verkehrslinien sind dabei der Rhein im Westen, die ______ und die _______ (beide im Norden) sowie die _______ (im Osten). Im Süden der Bundesrepublik ergänzt die _______ das Netz der Binnenschifffahrt. Ohne künstlich geschaffene Verbindungen aber ist der Transport von Massengütern quer durch Deutschland per Schiff nicht machbar.

Um vom Seehafen Hamburg nach Passau zu gelangen, bietet sich deshalb z. B. folgende Lösung an:

Hamburg (Seehafen) → ______________________________

____

____

____

____

____

→ Passau

Viele __________, die sich häufig zu Schiffsbetriebsverbänden vereinigt haben, befördern die Fracht zumeist im __________. In der Regel wird dabei vom Kunden der gesamte Laderaum des Schiffes gebucht. Man spricht deshalb von einer _____-Charterung.

Als Begleitpapier des Schiffers dient einerseits der __________, der bestätigt, dass ein Frachtvertrag geschlossen wurde; für eine höhere Sicherheit sorgt dagegen der Ladeschein, weil damit die Ladung nur an den Empfänger (__________) oder an eine berechtigte Person (__________) ausgehändigt werden darf.

Die __________, die Kosten des Transports, werden durch die Vertragspartner vereinbart, z. B. nach Raum (________), Zahl (__________) oder Gewicht (________).

2. Markieren Sie Ihre in Aufgabe 1 gewählte Route in der Bundeswasserstraßen-Karte auf der folgenen Seite mit einem roten Farbstift. Begründen Sie schriftlich, warum Sie diesen Weg zum Bestimmungsort Passau gewählt haben.

____

____

____

____

____

3. Tragen Sie in die folgende Tabelle zu allen Kriterien treffende Bemerkungen für die Verkehrsträger ein.

	Binnenschiff	Lkw	Eisenbahn
Ladekapazität			
Transportgeschwindigkeit			
Eignung für Güter			
Just-in-time-Fähigkeit			
Umweltverträglichkeit			
Zuverlässigkeit			
Kostengünstigkeit			

BUNDESWASSERSTRASSEN

- Wasser- und Schifffahrtsverwaltung des Bundes

WSV.de

Bundesministerium für Verkehr und digitale Infrastruktur

Quelle: Bundesministerium für Verkehr und digitale Infrastruktur, Januar 2014, Karte W 162 de
Kartographie: Fachstelle für Geoinformationen Süd, Regensburg, zur Verfügung gestellt gemäß GeoNutzV
Bundeswasserstraßen, die eine Länge von unter 5 km aufweisen, sind maßstabsbedingt teilweise nicht dargestellt.

BONN	■ Sitz der Generaldirektion Wasserstraßen und Schifffahrt (GDWS)		Grenze zwischen Außenstellen der GDWS
MAINZ	▪ Sitz einer Außenstelle der GDWS		nicht klassifizierte BinWaStr
Bingen	◆ Sitz eines Wasser-und Schifffahrtsamtes u. dgl.		WaStr-Klasse I - III nach UN ECE
KARLSRUHE	● Sitz einer Oberbehörde / Bundesanstalt		WaStr-Klasse IV - VI nach UN ECE

Arbeitsblatt 13: Seeschifffahrt

1. Lösen Sie das folgende Kreuzworträtsel durch Bearbeitung des Kapitels „3.5.2 Seeschifffahrt“.
Hinweise: Waagerecht bedeutet von links nach rechts, senkrecht bedeutet von oben nach unten. „ß“ muss durch „ss“ ersetzt werden. „ä“, „ö“ oder „ü“ sind nicht enthalten. Vereinbarungen über internationalen Versand sehen Sie bitte im entsprechenden Kapitel nach.

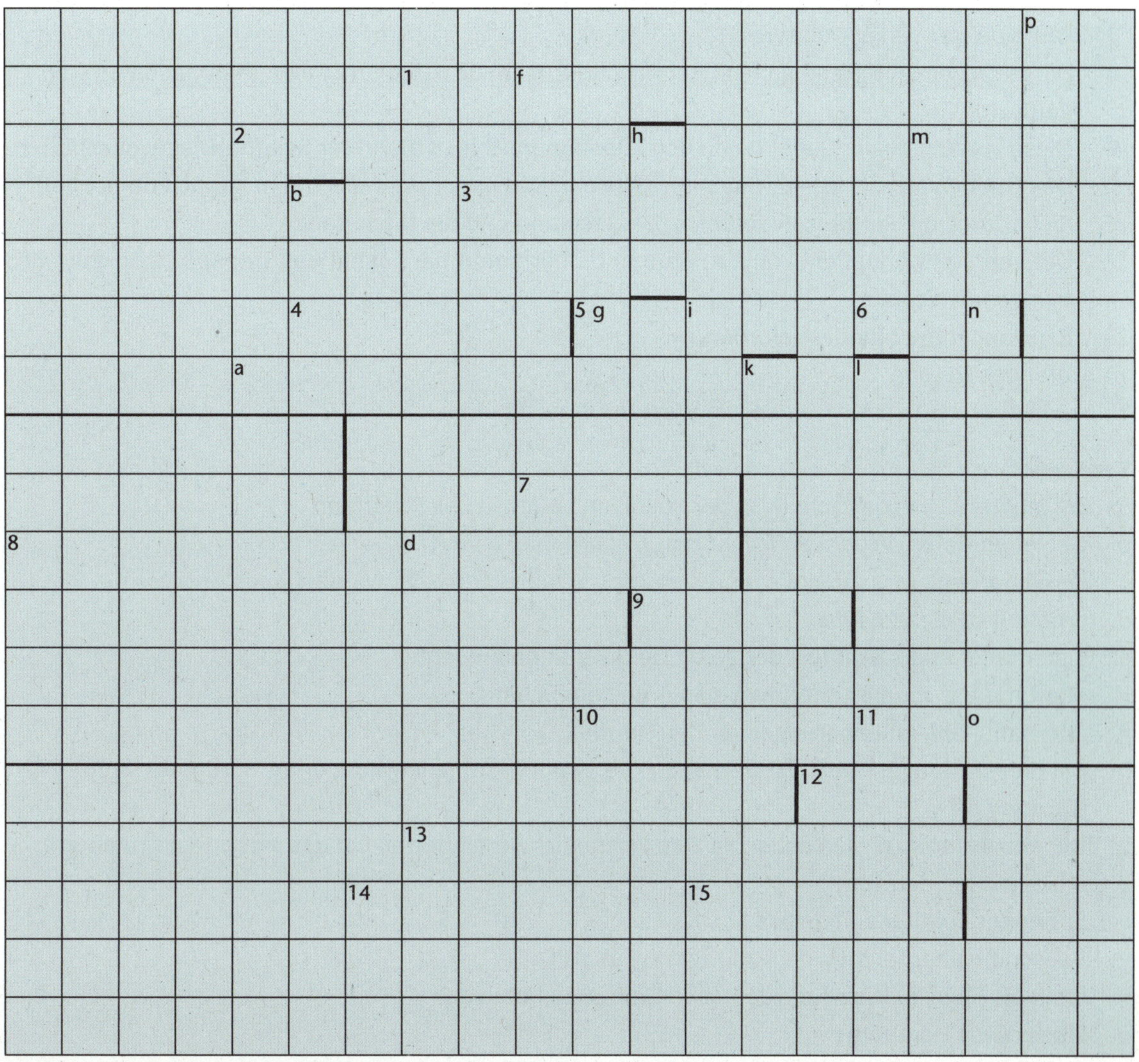

2. Welche Bedeutung hat die Abkürzung TEU?

____

3. Wie viel TEU haben (mit Stand 2019) Vollcontainerschiffe mit der größten Ladekapazität ca.?

____

Waagerecht:

1 Außenseiter (englisch)
2 Schiffe, z. B. für Getreide in der Seeschifffahrt
3 Regelung, dass der Verkäufer die Frachtkosten und die Versicherung übernimmt (Incoterm)
4 entspricht der Lieferungsbedingung „ab Werk" (Incoterm)
5 Nach diesem Code werden gefährliche Güter klassifiziert
6 Abkürzung für „International Maritime Organization"
7 kombinierter Verkehr über See
8 Dieser Schein enthält Angaben über Art und Anzahl der Güter, den Bestimmungshafen usw. (norddeutsch)
9 Diese Vereinigung entsteht durch den Zusammenschluss mehrerer Schifffahrtsgesellschaften
10 Das Gut beansprucht mehr Raum als Gewicht. Deswegen wird die Fracht danach berechnet
11 fließt durch die Schweiz, Frankreich, Deutschland und die Niederlande
12 Der Verkäufer bringt die Ware an Bord und übernimmt die Kosten des Transports bis zum Bestimmungshafen (Abk.)
13 Pauschalentgelt für die Beförderung
14 Ufer des Hafens
15 wichtiger Zufluss zur Nordsee im Westen Deutschlands

Senkrecht:

a die gibt es z. B. in der Schule, in der Politik und auch in der Schifffahrt
b Gebiet im Hafen, in dem zunächst kein Zoll erhoben wird
c Vereinbarung, dass die Ware längsseits des Schiffes gebracht werden muss (Incoterm)
d erhöht die Frachtkosten
e Eigentümer eines Schiffes, der damit Geld verdienen möchte
f Man „mietet" für die Lieferung einen Anteil am Schiff
g internationale Vereinbarungen für den Handel
h Bei dieser Klausel muss der Verkäufer die Ladung auf seine Kosten an Bord des Schiffes bringen (Incoterm)
i Der Verkäufer trägt die Kosten bis zum vertraglich vereinbarten Ort des Importeurs (Incoterm)
k Bill of lading (deutsch)
l Er bringt die Güter zum Schiff
m Seeschiffe übernehmen die Ladung von Fall zu Fall
n stellt als Fluss teilweise die deutsche Grenze zu Polen dar
o Fluss durch Hamburg
p Er übernimmt die Beförderung von Gütern auf dem Seeweg gegen Bezahlung

Arbeitsblatt 14: IATA, Flughäfen, Beförderung

1. IATA:

a) Was bedeutet der Begriff „IATA"?

____

b) Welche Fluggesellschaften können Mitglied der IATA werden?

____

____

____

____

c) Suchen Sie mithilfe des Internets zehn Mitglieder der IATA heraus.

2. Markieren Sie die elf größten deutschen Flughäfen in der Karte auf der folgenden Seite und erklären Sie, warum an diesen Orten Flughäfen errichtet wurden.

3. Als Mitarbeiter einer Spedition am Flughafen Düsseldorf sollen Sie entscheiden, ob sich die folgenden Güter, Tiere usw. für den Transport per Luftfracht eignen. Geben Sie eine kurze Begründung an.

a) Eine Flaschen-Befüllanlage im Gewicht von 800 t

b) Ein Elefanten-Bulle für den Zoo in Karlsruhe, Gewicht 1,40 t

c) 400 Kisten Aprikosen, Gesamtgewicht 8,0 t

d) Die Britischen Kronjuwelen für eine Ausstellung in Berlin, geschätztes Gewicht 4,8 kg

e) Das Herz eines Menschen für eine Transplantation, 800 g

Deutschland – Transport und Verkehr
Dänemark
Ostsee
Nordsee
Bornholm (zu Dänemark)
Schleswig-Holstein
Mecklenburg-Vorpommern
Niedersachsen
Deutschland
Berlin
Brandenburg
Sachsen-Anhalt
Nordrhein-Westfalen
Hessen
Thüringen
Sachsen
Rheinland-Pfalz
Saarland
Baden-Württemberg
Bayern
Hamburg
Bremen
Niederlande
Belgien
Luxemburg
Frankreich
Schweiz
Liechtenstein
Österreich
Tschechien
Polen
© Westermann
Verkehrsnetz
Straßen (Auswahl)
Autobahn mit Nummer
Fernstraße
Eisenbahn (Auswahl)
Fernstrecke
sonstige Strecke
Hafen
Flughafen
Verwaltung
Staatsgrenze
Landesgrenze
0 20 40 60 80 100 km

Arbeitsblatt 15: Zoll, Zollgebiet, Zollarten

1. Erklären Sie den Begriff „Zoll“ in eigenen Worten.

____

____

____

____

Situationsaufgabe

Als Mitarbeiter eines Elektronik-Großhändlers in Nürnberg sind Sie mit der Zollabwicklung für importierte bzw. zu exportierende Waren beauftragt. Eine Auszubildende im 1. Jahr ist Ihrer Abteilung zugeteilt und möchte Auskünfte darüber erhalten, ob Zoll erhoben wird.
Begründen Sie kurz Ihre Entscheidung.

2. a) „Die 70 Monitore für den Export nach Monaco sind fertig zum Versand.“

____

____

____

b) „Im Freihafen Bremerhaven sind die Bauteile aus Japan eingetroffen.“

____

____

____

c) „Bei der Lieferung aus der Schweiz liegen Präferenzpapiere. Was bedeutet das?“

____

____

____

3. Unterscheiden Sie die Begriffe „Wertzoll“ und „Präferenzzoll“.

____

____

____

____

____

____

____

____

Praktische Übung

Übung 1: Einen Frachtbrief für den Güterkraftverkehr ausfüllen

Situation

Sie sind Mitarbeiter der Fluggeräte GmbH, Industriestr. 4, 04229 Leipzig.
Ihr Betrieb versendet mit heutigem Datum in 15 Verschlägen Maschinenteile an Ihren Kunden, die Instrumente Colvosco, Viale Isonzo 20, 3452 Mailand, Italien. Außerdem gehören zur Ladung auch zwei Holzkisten mit erklärungspflichtigen Chemikalien, Gefahrenklasse 3, UN-Nummer 1263. Die dazugehörigen Gefahrgut-Daten stehen in der beiliegenden Ladeliste Nummer 543278922. Dem Frachtbrief ist auch ein Unfallmerkblatt/schriftliche Weisung beigefügt. (Hinweis: Die Ladeliste und das Unfallmerkblatt/schriftliche Weisung sind selbst nicht zu bearbeiten, sondern im Frachtbrief zu erwähnen!) Für den Transport gelten die internationalen Gefahrgutvorschriften für die Straße (ADR). Dies ist im Frachtbrief auch kenntlich zu machen.
Frachtführer ist die Spedition Erich Haslbeck, Straubinger Str. 42, 84130 Dingolfing. Jeder Verschlag hat ein Gewicht von 625 kg und die Maße 1,40 × 1,20 × 0,80 m. Die Holzkisten wiegen mit Inhalt je 90 kg und sind 0,75 × 0,75 × 0,75 m groß.
Die Transportkosten von Leipzig nach Mailand übernimmt die Fluggeräte GmbH.
Die Verladung der Verschläge auf den Lkw mit dem Kennzeichen DGF-EP 5, Nutzlast 20000 kg, erfolgt auf dem Werksgelände der Fluggeräte GmbH in Leipzig. Die Entladestelle ist das Werksgelände der Instrumente Colvosco in Mailand.
Bei der Übernahme der Verschläge stellt der Fahrer der Spedition fest, dass bei einem Verschlag zwei Seitenbretter beschädigt sind. Er möchte dies im Frachtbrief vermerkt haben.
Die Spedition bittet Sie außerdem, im Frachtbrief in Feld 25 die Angaben zur Ermittlung der Entfernung mit Grenzübergängen einzutragen. Die Fahrt erfolgt über die Brennerautobahn in Österreich. Als Hilfsmittel dienen die im Anhang stehende Kilometrierung und eine Europa-Landkarte. Einzutragen sind nur die Gesamtstrecken in den drei betroffenen Ländern.

1. Füllen Sie den Frachtbrief entsprechend den obigen Angaben aus. Das Ausfertigungsdatum entspricht dem Versanddatum.

2. Suchen Sie auf einer Europa-Landkarte eine alternative Fahrroute für den Fall, dass die Fahrt über den Brenner wegen Murenabgängen nicht möglich ist.

___

___

___

Anhang:
Kilometrierung: Leipzig – Mailand

Strecke	Kilometer
Leipzig – München	450 km
München – Kufstein	110 km
Kufstein – Innsbruck	55 km
Innsbruck – Brenner	50 km
Brenner – Verona	240 km
Verona – Mailand	160 km

Für Absender Exemplaire de l'expéditeur Exemplaar voor Afzender Essemplare per mittente Copy for sender Exemplar for Afsender

INTERNATIONALER FRACHTBRIEF
LETTRE DE VOITURE INTERNATIONAL

Diese Beförderung unterliegt trotz einer gegenteiligen Abmachung den Bestimmungen des Übereinkommens über den Beförderungsvertrag im internat. Straßengüterverkehr (CMR)

Ce transport est soumis, nonobstant toute clause contraire, à la Convention relative au contrat de transport international de marchandises par route (CMR)

Les parties encadrées de lignes grasses doivent être remplies par le transporteur.

Die mit fett gedruckten Linien eingerahmten Rubriken müssen vom Frachtführer ausgefüllt werden.

1 Absender (Name, Anschrift, Land) Expéditeur (nom, adresse, pays)

2 Empfänger (Name, Anschrift, Land) Destinataire (nom, adresse, pays)

16 Frachtführer (Name, Anschrift, Land) Transporteur (nom, adresse, pays)

3 Auslieferungsort des Gutes Lieu prévu pour la livraison de la marchandise
Ort/Lieu
Land/Pays

17 Nachfolgende Frachtführer (Name, Anschrift, Land) Transporteurs successifs (nom, adresse, pays)

4 Ort und Tag der Übernahme des Gutes Lieu et date de la prise en charge de la marchandise
Ort/Lieu
Land/Pays
Datum/Date

18 Vorbehalte und Bemerkungen der Frachtführer Réserves et observations des transporteurs

5 Beigefügte Dokumente Documents annexés

6 Kennzeichen und Nummern Marques et numéros | 7 Anzahl der Packstücke Nombre des colis | 8 Art der Verpackung Mode d'emballage | 9 Bezeichnung des Gutes* Nature de la marchandise* | 10 Statistiknummer No statistique | 11 Bruttogewicht in kg Poids brut, kg | 12 Umfang in m³ Cubage m³

CMR

Klasse Classe | Ziffer Chiffre | Buchstabe Lettre | (ADR) (ADR)

13 Anweisungen des Absenders (Zoll- und sonstige amtliche Behandlung) Instructions de l'expéditeur (formalités douanières et autres)

19 Zu zahlen vom: A payer par:	Absender L'expéditeur	Währung Monnaie	Empfänger Le Destinataire
Fracht Prix de transport			
Ermäßigungen Réductions –			
Zwischensumme Solde			
Zuschläge Suppléments			
Nebengebühren Frais accessoires			
Sonstiges Divers +			
Zu zahlende Gesamtsumme Total à payer			

14 Rückerstattung Remboursement

15 Frachtzahlungsanweisungen Prescription d'affranchissement
Frei Franco
Unfrei Non Franco

20 Besondere Vereinbarungen Conventions particulières

21 Ausgefertigt in Etablie à am le 20

24 Gut empfangen Réception des marchandises Datum Date
am le ________ 20 ___

22 Unterschrift und Stempel des Absenders Signature et timbre de l'expéditeur

23 Unterschrift und Stempel des Frachtführers Signature et timbre du transporteur

Unterschrift und Stempel des Empfängers Signature et timbre du destinataire

1-15 einschließlich y compris et 21+22

Auszufüllen unter der Verantwortung des Absenders. A remplir sous la responsabilité de l'expéditeur

25 Angaben zur Ermittlung der Tarifentfernung mit Grenzübergängen

von	bis	km

28 Berechnung des Beförderungsentgelts

frachtpfl. Gewicht in kg	Tarifstelle Sonderabmachung	Güterarten	Währung	Frachtsatz	Beförderungsentgelt

26 Vertragspartner des Frachtführers ist – kein – Hilfsgewerbetreibender im Sinne des anzuwendenden Tarifs

27	Amtl. Kennzeichen	Nutzlast in kg
Kfz		
Anhänger		

Benutzte Gen.-Nr. ❑ National ❑ Bilateral ❑ EG ❑ CEMT

Praktische Übung

Übung 2: Frachtentgelt berechnen

Situation

Sie sind im Versand tätig und sollen dafür sorgen, dass eine Warensendung mit einem Nettogewicht von 169 kg und einer Tara von 8 kg zu einem Kunden in 380 km Entfernung transportiert wird. Die Maße der Sendung betragen 1,50 m × 1,50 m, die Höhe beträgt 1,80 m. Die Lieferung ist bis spätestens 11:00 Uhr am nächsten Vormittag zugesagt. Die Lieferung soll als Versendernachnahme und mit der Frankatur „unfrei" verschickt werden.
Ihnen liegen folgende Unterlagen der Spedition ABY-Logistik vor:

Preisliste **ABY-Logistik** **FRACHT**
Haus-Haus-Preise in Euro für nationale Sendungen, exkl. USt.

km \ kg	von 101 bis 125	126 150	151 175	176 200	201 225	226 250	251 275	276 300
von **151** bis **200**	110,0	120,6	129,9	141,1	160,5	169,8	178,8	192,0
201 **250**	117,8	128,7	138,9	151,5	172,5	182,5	192,5	207,0
251 **300**	122,5	134,2	145,0	158,6	180,5	191,2	201,8	217,0
301 **350**	127,5	139,9	151,3	165,9	188,8	200,1	211,3	227,4
351 **400**	131,4	144,4	156,3	171,8	185,5	207,4	218,9	235,8
401 **500**	135,9	149,4	162,1	178,5	203,0	215,5	227,6	245,3
501 **600**	141,1	155,4	168,7	186,3	211,9	224,9	237,8	256,4
601 **800**	144,4	159,3	173,0	191,2	217,5	231,0	244,3	263,4
801 **1200**	148,9	164,4	178,8	197,9	224,9	239,1	252,9	272,9

Nebenentgelte:

Entgelt für Versendernachnahmen – 2 % der Bruttofracht, mindestens aber 12,00 €
Rechnungserstellung für Unfrei-Empfänger, die nicht zur sofortigen Zahlung bereit sind – 12,00 €
Nachträgliche Verfügung des Versenders/Anweisung des Empfängers – pro Sendung 10,00 €

Zustellung in 24 bis 48 Stunden

Preisliste **ABY-Logistik** **EXPRESS**
Haus-Haus-Preise in Euro für nationale Sendungen, exkl. USt.

km \ kg	von 101 bis 125	126 150	151 175	176 200	201 225	226 250	251 275	276 300
von **151** bis **200**	121,8	132,6	142,9	155,1	176,5	186,8	196,8	211,0
201 **250**	129,8	141,7	152,9	166,5	189,5	199,5	211,5	227,0
251 **300**	134,5	147,2	159,0	174,6	198,5	210,2	222,8	238,0
301 **350**	140,5	153,9	166,3	182,9	207,8	220,1	232,3	250,4
351 **400**	144,4	158,4	172,3	189,8	215,5	228,4	240,9	259,8
401 **500**	149,9	164,4	178,1	196,5	223,0	237,5	250,6	269,3
501 **600**	155,1	171,4	185,7	202,3	233,9	247,9	261,8	282,4
601 **800**	158,4	175,3	190,0	210,2	239,5	254,0	268,3	289,4
801 **1200**	163,9	180,4	196,8	217,9	247,9	263,1	278,9	300,9

Nebenentgelte:

Entgelt für Versendernachnahmen – 2 % der Bruttofracht, mindestens aber 12,00 €
Rechnungserstellung für Unfrei-Empfänger, die nicht zur sofortigen Zahlung bereit sind – 12,00 €
Nachträgliche Verfügung des Versenders/Anweisung des Empfängers – pro Sendung 10,00 €

Zustellung in 24 Stunden bis 15:00 Uhr am Tag nach der Auslieferung

Preisliste **ABY-Logistik** **EXPRESS Plus**
Haus-Haus-Preise in Euro für nationale Sendungen, exkl. USt.

kg / km	von 101 bis 125	126 150	151 175	176 200	201 225	226 250	251 275	276 300
von **101** bis **200**	180	190	201	218	237	248	259	276
201 **300**	192	206	217	238	259	272	285	303
301 **400**	204	217	230	255	279	293	308	328
401 **600**	216	231	244	273	302	317	332	354
601 **1 200**	229	245	258	293	327	342	358	382

Nebenentgelte:

Entgelt für Versendernachnahmen – 2 % der Bruttofracht, mindestens aber 12,00 €
Rechnungserstellung für Unfrei-Empfänger, die nicht zur sofortigen Zahlung bereit sind – 12,00 €
Nachträgliche Verfügung des Versenders/Anweisung des Empfängers – pro Sendung 10,00 €

Zustellung bis 10:30 Uhr am Tag nach der Auslieferung

Arbeitsauftrag

1. Welche der drei Beförderungsmöglichkeiten (Fracht, Express und Express Plus) kommt bei der zugesagten Lieferzeit infrage?

___

2. Wie viel kg beträgt das Bruttogewicht der Sendung?

___

3. Wie viel Euro netto (exklusive Umsatzsteuer) kostet der Transport, wenn aus den abgebildeten Preislisten die kostengünstigste Möglichkeit gewählt wird?

___

4. Welches Papier muss ausgefüllt werden, wenn die Sendung an die ABY-Logistik übergeben wird?

___

5. Wer zahlt bei der angegebenen Frankatur die Frachtkosten?

___

6. Wie viel Euro Nachnahme hat der Empfänger zu zahlen?

Praktische Übung

Übung 3: Güter per Schiff versenden

Situation 1

Sie arbeiten als Fachkraft im Lagerbereich bei einer Spedition in Stuttgart. Für den Auftrag eines Druckmaschinen-Herstellers sollen Sie die Route planen und die notwendigen Schritte ergreifen.
Zehn Druckmaschinen und notwendige Zubehörteile im Gesamtgewicht von 1 200 t müssen innerhalb von drei Wochen vom Hersteller in Heidelberg nach Bremerhaven transportiert werden, wo die Verschiffung für den Überseetransport nach Brasilien erfolgen wird.

Arbeitsauftrag

1. Welche(n) Verkehrsträger wählen Sie für diese Tour (mit Begründung)?

2. Markieren Sie die von Ihnen festgelegte Tour in der Karte „Bundeswasserstraßen“ auf Seite 210 in gelber Farbe und beschreiben Sie sie hier in Worten.

3. Welche Begleitpapiere sind für Ihre Route notwendig?

4. Suchen Sie eine Alternativ-Route für diesen Transport und beschreiben Sie diese hier. Tragen Sie diese in grüner Farbe in die Karte ein.

5. Warum sollten Sie immer eine „Ausweichmöglichkeit" zur Entscheidung heranziehen?

6. Mit wem nehmen Sie für die Durchführung des Transports Kontakt auf?

Situation 2

Die Druckmaschinen und das Zubehör aus Heidelberg sollen durch Ihr Unternehmen von Bremerhaven aus nach Brasilien verschifft werden, weil der bisher zuständige Verfrachter wegen Zahlungsschwierigkeiten nicht mehr zur Verfügung steht. Da Sie bereits den ersten Auftrag bearbeitet haben, sind Sie weiter für die Betreuung des Kunden zuständig.
Der Bevollmächtigte des Herstellers stellt im Rahmen der Auftragsverhandlungen einige Fragen.

7. „Würden Sie mir bitte erklären, wie es dann rechtlich aussieht, wenn wir Ihnen den Auftrag erteilen?"

8. „Welche Kosten berechnen Sie für die Beförderung der Maschinen nach Brasilien, wenn wir Sie damit beauftragen?"

9. „Wer haftet für einen Schaden, wenn bei der Umladung in Bremerhaven eine Maschine zerstört werden sollte, was wir doch alle nicht hoffen wollen?"

Praktische Übung

Übung 4: Einen Luftfrachtbrief ausfüllen

Situation

Für den Transport von dringend benötigten Maschinenteilen in zwei Kisten (Bruttogewicht 200 kg, 1,480 m³) zur Fertigstellung eines Wasserkraftwerkes in Nairobi (Kenia) entscheidet sich die Wasser- und Sonnenkraft AG, 84032 Landshut, Benzstraße 6, für eine Beförderung per Luftfracht bei LH CARGO.

Arbeitsauftrag

1. Als Mitarbeiter der Wasser- und Sonnenkraft AG sind Sie damit beauftragt, den nachfolgend abgebildeten Luftfrachtbrief auszufüllen.

   Weiter stehen Ihnen folgende Angaben zur Verfügung:

Empfänger:	Waters Ltd. Key Lands Box 4563 Nairobi (Kenia)
Flug:	ab München (MUC), geplant 07:05 Uhr, heute LH 4711/11 an Nairobi (NBO), geplant 14:35 Uhr, heute
Berechnetes Gewicht:	235 kg
Fracht:	634,60 € (Mit LH CARGO durch den Leiter-Export vereinbart)
Steuern:	70,00 €

   Nicht aufgeführte Daten für den Transport brauchen auch im Air Waybill nicht eingetragen zu werden.

2. Nachträglich müssen weitere Teile zum Kraftwerk in Nairobi geliefert werden, die zum Teil Beförderungsbeschränkungen unterliegen.
   Wird LH CARGO die Beförderung der Teile übernehmen? Geben Sie Ihre Entscheidung mit Begründung an.

   ____

   ____

   ____

   ____

   ____

   ____

   ____

   ____

   ____

3. Der Luftfrachtbrief liegt Ihnen in englischer Spache vor. Übersetzen Sie die englischen Begriffe und Texte in die deutsche Sprache und übernehmen Sie diese auf einem eigenen Blatt in Ihre Englischunterlagen.

Shipper's Name and Address	Shipper's account Number	Not negotiable **Air Waybill** Issued by
		Copies 1, 2 and 3 of this Air Waybill are originals and have the same validity
Consignee's Name and Address	Consignee's account Number	It is agreed that the goods described herein are accepted in apparent good order and condition (except as noted) for carriage SUBJECT TO THE CONDITIONS OF CONTRACT ON THE REVERSE HEREOF. ALL GOODS MAY BE CARRIED BY ANY OTHER MEANS INCLUDING ROAD OR ANY OTHER CARRIER UNLESS SPECIFIC CONTRARY INSTRUCTIONS ARE GIVEN HEREON BY THE SHIPPER, AND SHIPPER AGREES THAT THE SHIPMENT MAY BE CARRIED VIA INTERMEDIATE STOPPING PLACES WHICH THE CARRIER DEEMS APPROPRIATE. THE SHIPPER'S ATTENTION IS DRAWN TO THE NOTICE CONCERNING CARRIER'S LIMITATION OF LIABILITY. Shipper may increase such limitation of liability by declaring a higher value for carriage and paying a supplemental charge if required.
Issuing Carrier's Agent Name and City		Accounting Information
Agent's IATA Code	Account No.	
Airport of Departure (Addr. of first Carrier) and requested Routing		Reference Number / Optional Shipping Information

to	By first Carrier (Routing and Destination)	to	by	to	by	Currency	CHGS Code	WT/VAL PPD	WT/VAL COLL	Other PPD	Other COLL	Declared Value for Carriage	Declared Value for Customs

Airport of Destination	Requested Flight / Date		Amount of Insurance	INSURANCE - If carrier offers insurance, and such insurance is requested in accordance with the conditions thereof, indicate amount to be insured in figures in box marked "Amount of Insurance".

Handling Information

SCI

No. of Pieces RCP	Gross Weight	kg lb	Rate Class / Commodity Item No.	Chargeable Weight	Rate / Charge	Total	Nature and Quantity of Goods (incl. Dimensions or Volume)

Prepaid	Weight Charge	Collect	Other Charges
	Valuation Charge		
	Tax		
	Total other Charges Due Agent		**Shipper certifies that the particulars on the face hereof are correct and that insofar as any part of the consignment contains dangerous goods, such part is properly described by name and is in proper condition for carriage by air according to the applicable Dangerous Goods Regulations.**
	Total other Charges Due Carrier		Signature of Shipper or his Agent
Total prepaid		Total collect	
Currency Conversion Rates		cc charges in Dest. Currency	Executed on (Date) at (Place) Signature of Issuing Carrier or its Agent
For Carrier's Use only at Destination		Charges at Destination	Total collect Charges

ORIGINAL 3 (FOR SHIPPER)

Printed in Germany · Druckhaus Stellyes 01.2002 · IATA-Resolution 600a

Praktische Übung

Übung 5: Eine Entscheidung für ein Transportmittel treffen

Situation

Die Versandhandels GmbH möchte zum Marktstart ihrer neuen Smarthome-Serie eine ausreichende Anzahl des hierfür neu entwickelten Steuergeräts zur Verfügung haben. Daher müssen die Geräte rechtzeitig vom Herstellungsort in der Nähe von Shanghai in das Zentrallager für Europa in Frankfurt am Main geschickt werden. Die Leitung der Logistikabteilung ist aufgrund der hohen Kosten für einen Transport per Luftfracht unsicher und denkt über einen Transport per Seefracht nach.

Die folgenden Informationen stehen Ihnen zur Verfügung:

- Warenwert auf Basis der Herstellungskosten: 12 000 000,00 €
- Frachtkosten Luftfracht: 34 000,00 €
- Frachtkosten Seefracht: 7 000,00 €
- kalkulatorischer Zinssatz: 6,5 %
- Karte mit Transportzeiten für Luft- und Seefracht auf Seite 374 im Lehrbuch Logistische Prozesse.

Aufgaben

1. Ermitteln Sie mithilfe der Karte auf Seite 374 in dem Lehrbuch Logistische Prozesse die Transportzeiten von Shanghai nach Frankfurt am Main

   a) Ermitteln Sie die Transportzeit per Seefracht.

   ____

   b) Ermitteln Sie die Transportzeit per Luftfracht.

   ____

2. Berechnen Sie für die Dauer des Transports die Kosten für das in der Ware gebundene Kapital

   ____

   ____

   ____

   ____

   a) für den Transport als Seefracht.

   b) für den Transport als Luftfracht.

Tipp: Die Berechnung entspricht der Berechnung der Lagerzinsen. Schauen Sie hierzu im Lehrbuch Logistische Prozesse im LF 3, Kapitel 5.2.4 nach.

3. Entscheiden Sie auf der Grundlage aller zur Verfügung stehenden Informationen, ob der Transport mit dem Flugzeug oder per Seefracht durchgeführt werden soll.

____

____

____

____

____

____

4. Beschreiben Sie drei Eigenschaften eines Gutes, die für einen Transport per Luftfracht sprechen.

____

____

____

____

____

____

Lernfeld 10: Logistische Prozesse optimieren

Arbeitsblatt 1: Logistik

Auf vielen Lkws oder in Firmenbezeichnungen findet sich der Begriff „Logistik".

1. Wie lässt sich dieser Begriff erklären?

2. Da die Logistik – wie andere Unternehmensbereiche auch – dazu beitragen muss, dass das Unternehmensziel erreicht wird, haben die für diesen Bereich verantwortlichen Mitarbeiter im Betrieb dafür zu sorgen, dass (Bitte ergänzen! Siehe „Aufgaben der Logistik".)

3. Die Einbindung der Logistik ist je nach Branche und Größe des Unternehmens unterschiedlich. Beschreiben Sie den Waren- oder Materialfluss in Ihrem Betrieb. Gehen Sie dabei auf die damit verbundenen „logistischen" Arbeiten in den einzelnen Abteilungen oder Bereichen ein.

4. Ziele der Logistik:
Um die Ziele der Logistik erreichen zu können, werden in Betrieben integrierte Logistikkonzepte entwickelt, deren Aufgabe darin besteht, die einzelnen Logistikbereiche so miteinander zu verknüpfen, dass die Logistikleistungen optimiert werden können. Im Einzelnen geht es darum:

Arbeitsblatt 2: Optimierung logistischer Prozesse

1. Welche drei Prinzipien bilden die Basis des **Lean Managements**?

2. Erklären Sie den wichtigsten Unterschied zwischen japanischen und westlichen Managementkonzepten am Beispiel des **Kaizen-Prinzips**.

3. Der Begriff **„Totaly Quality Management“** (TQM) umfasst drei Dimensionen.

Ergebniskontrolle:

Null-Fehler-Strategie:

Umfassendes Qualitätsbewusstein:

4. Bringen Sie die Schritte zur Einführung eines Kontinuierlichen Verbesserungsprozesses (KVP) durch Zuordnung der Ziffern 1 bis 6 in eine sinnvolle Reihenfolge.

Analyse der Ist-Situation, Sammlung von Problemen	☐
Strategische Planung über Ziele und Rahmenbedingungen	☐
Generierung und Umsetzung von Maßnahmen	☐
Information und Einbindung der Führungskräfte	☐
Controlling, Feedback und Visualisierung	☐
Information und Einbindung der Mitarbeiter	☐

5. Was ist damit gemeint, dass das **„Warehouse-Management“** mehr umfasst als ein Lagerbestandsverwaltungssystem?

____

____

____

6. Welche Ziele sollen im Rahmen des **„Supply Chain Management“** mit folgenden Methoden erreicht werden? (Bitte Tabelle entsprechend ausfüllen.)

Methode	Ziele	Beispiele
Szenario-Management		
Prozessketten-Management		
Logistik-Management		
Netzwerk-Management		

Arbeitsblatt 3: A-B-C-Analyse

Eine Methode zur Optimierung logistischer Prozesse ist die A-B-C-Analyse.

1. Was versteht man darunter?

____

____

____

____

____

2. Welcher Nutzen lässt sich aus dieser Analyse ziehen?

3. Führen Sie die Analyse mithilfe der folgenden Tabelle durch.

Güter-Nr.	Anzahl/Stück (Jahresbedarf)	%-Anteil an Gesamtmenge	Kumulativer %-Anteil an der Gesamtmenge	Wert der Güter/€	%-Anteil am Gesamtwert	Kumulativer %-Anteil am Gesamtwert	Einteilung in A-, B- und C-Güter
1	3000			300000,00			
2	4800			500000,00			
3	9000			120000,00			
4	18000			50000,00			
5	25200			30000,00			
gesamt							

Kumulativ bedeutet aufaddiert. Diese Angabe benötigt man bei der Darstellung der A-B-C Analyse, um zu ermitteln, welche Güter die Gruppe der jeweiligen Zuordnung (A, B, C) bilden.

Bewertungsschlüssel: A-Güter: Wert > 25 %; Menge < 10 % C-Güter: Wert < 10 %; Menge > 25 %

Zusatzaufgabe: Stellen Sie diesen Sachverhalt grafisch dar.

4. Neben der A-B-C-Analyse gibt es die **X-Y-Z-Analyse** von Gütern. Wofür steht das

X?	
Y?	
Z?	

Praktische Übung

Übung 1: Den optimalen Lagerbestand ermitteln

Situation

Sie sind als Fachkraft für Lagerlogistik in einem Lebensmittelgroßhandelsunternehmen in der Abteilung „Logistik" beschäftigt. Ihre Aufgabe besteht u. a. darin, logistische Prozesse zu optimieren. Ihnen liegen Beschwerden vor, dass die Lieferbereitschaft häufiger nicht gegeben war. Es ist zu verspäteten Lieferungen an die Kunden gekommen. Aus folgender Statistik des letzten Quartals lässt sich die Lieferbereitschaft ablesen:

Monate	Aufträge	Sofort ausgeführte Aufträge
Januar	846	745
Februar	904	777
März	958	814
	2708	2336

Aufgaben

1. Errechnen Sie den Lieferbereitschaftsgrad für das erste Quartal.

2. Wenn die Lieferbereitschaft nicht immer gegeben ist, kann dies zu Fehlmengenkosten führen. Welche Kosten könnten damit gemeint sein?

3. Schlagen Sie Maßnahmen vor, die geeignet sind, die Lieferbereitschaft zu sichern.

4. Eine hohe Lieferbereitschaft bedingt entsprechend hohe Lagerbestände, und damit Lagerkosten. Um den Zusammenhang zwischen den Lagerkosten und Fehlmengenkosten deutlich machen zu können, stehen Ihnen folgende Grafiken zur Verfügung.

Erklären Sie anhand der Grafiken, warum es sich hier um ein Optimierungsproblem handelt.

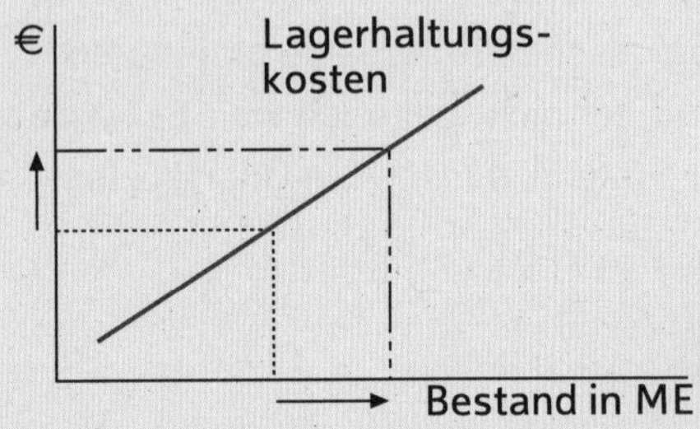

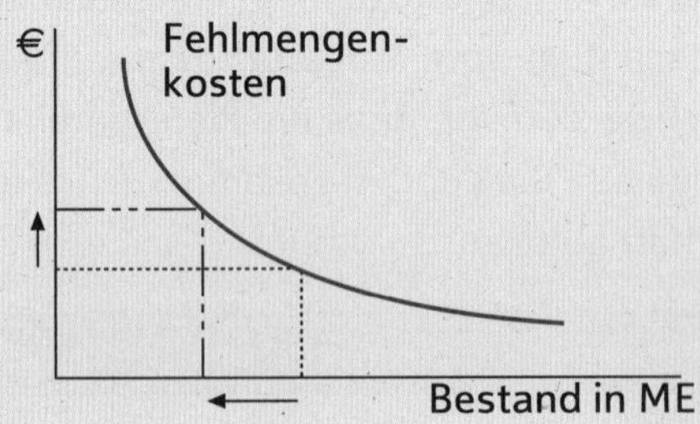

5. In einer Fachzeitschrift haben Sie gelesen, dass die durchschnittliche Umschlagshäufigkeit in Ihrer Branche 34 beträgt. In Ihrem Betrieb wurde eine Umschlagshäufigkeit von 36 ermittelt. Dieses Ergebnis wurde in Ihrer Abteilung als sehr positiv eingeschätzt. Könnte aber vielleicht ein Zusammenhang zu den eingangs erwähnten Problemen mit der Lieferbereitschaft bestehen?

6. Machen Sie Vorschläge, wie der Lagerbestand verringert werden kann, ohne dass die Lieferbereitschaft infrage gestellt wird.

Praktische Übung

Übung 2: Kosten bei Eigen- und Fremdlagerung analysieren

Situation

Sie sind Mitarbeiterin in der Logistik-Abteilung eines Großhandelsbetriebes für Kosmetikartikel. Zu Ihren Aufgaben gehört es, betriebliche Funktionen und Abläufe mit dem Ziel zu untersuchen, Kosten einzusparen. Momentan macht die Lagerhaltung die größten Sorgen. Das Lager platzt aus allen Nähten. Es kommt immer wieder zu Schwierigkeiten bei Ein- und Auslagerungen, weil häufig Ware im Wege steht. In der Vergangenheit wurden bereits Versuche unternommen, die Lagerbestände auf das notwendige Maß zu reduzieren. Das hat die Situation aber nur vorübergehend entlastet. Da die Absatzlage für die Zukunft günstig eingeschätzt wird, muss davon ausgegangen werden, dass mehr Lagerfläche benötigt wird.

Ihnen liegt ein Angebot eines Lagerhalters vor, der in unmittelbarer Nähe zu Ihrem Betrieb Lagerflächen zur Verfügung stellen könnte. Die Lagermiete beträgt 15,00 € (inkl. MwSt.) pro Quadratmeter und Monat.

Alternativ soll die Möglichkeit eines Erweiterungsbaus geprüft werden. Hierzu liegen Ihnen folgende Zahlen vor:

fixe Kosten pro Jahr 24 000,00 €,

variable Kosten 100,00 € pro Quadratmeter und Jahr.

Aufgaben

1. Klären Sie, mit welchen fixen und variablen Kosten beim eigenen Lager vor allem zu rechnen ist …

Fixe Kosten	Variable Kosten

… und welche Kosten nicht eindeutig zuzuordnen sind (mit Begründung).

2. Sie sollen in der nächsten Abteilungskonferenz die Ergebnisse Ihrer Berechnungen präsentieren. Zu klären ist die Frage, ob Eigen- oder Fremdlagerung für Ihren Betrieb infrage kommt bzw. ab welcher Fläche sich ein eigenes Lager lohnen könnte. Erstellen Sie hierzu eine PowerPoint-Präsentation, bei der Sie

   a) die kritische Lagerfläche, also die Fläche, ab der sich ein eigenes Lager lohnen könnte, mathematisch errechnen und

b) grafisch darstellen.
(Lösungshinweis: Abszisse: 1 cm = 50 m^2, max. 500 m^2
Ordinate: 1 cm = 10 000,00 €, max. 100 000,00 €)

c) Unabhängig von den Kosten sollen die **Vorteile**, die jeweils für ein eigenes Lager oder für Fremdlagerung sprechen, in tabellarischer Form einander gegenübergestellt werden.

Eigenlagerung	Fremdlagerung

Lernfeld 11: Güter beschaffen

Arbeitsblatt 1: Bedarfsplanung

Wie bereits festgestellt wurde, beginnt der logistische Prozess mit der Beschaffung. Bevor in der Einkaufsabteilung Ware oder Material bestellt werden kann, müssen wichtige Fragen beantwortet werden.

1. Zählen Sie diese vier sogenannten „W"-Fragen auf.

a) ____________________

b) ____________________

c) ____________________

d) ____________________

Die Ermittlung des Bedarfs hängt von der Betriebsart (Industrie, Handel) ab.

2. Beschreiben Sie, wovon der Bedarf in Ihrem Betrieb abhängt.

____

____

____

In Industriebetrieben stellt sich zusätzlich häufig die Frage, ob die benötigten Teile selbst hergestellt oder von einer Fremdfirma gekauft werden sollen. Die Beantwortung dieser Frage hängt vor allem von den Kosten ab.

In einem Industriebetrieb wurden folgende Zahlen ermittelt:

	Fixkosten	Variable (Stück-)Kosten
Eigenherstellung	120 000,00 €	50,00 €
Fremdbezug	0,00 €	90,00 €

3. a) Ermitteln Sie mithilfe der nachfolgenden Tabelle, ab welcher Menge sich die Eigenherstellung lohnt.

Menge/ Stück	Eigenherstellung			Fremdbezug/€	Günstiger?
	Fixkosten/€	Variable K./€	Gesamtkosten/€		
1 000					
2 000					
3 000					
4 000					
5 000					

Zusatzaufgabe: Stellen Sie dieses Problem grafisch dar.

Lösungshinweis:
Abszisse: Menge, 2 cm = 1 000 Stück, max. 5000 Stück
Ordinate: Kosten, 1 cm = 50 000,00 €, max. 500 000,00 €

b) Ermitteln Sie mithilfe folgender Tabelle die Gesamtstückkosten.

Menge	Fixe Stückkosten	Variable Stückkosten	Gesamtstückkosten
500	240,00 €	50,00 €	
1000	120,00 €	50,00 €	
5000	24,00 €	50,00 €	
10000	12,00 €	50,00 €	

c) Welche Erkenntnisse lassen sich aus diesen Ergebnissen ziehen?

4. Die einzukaufende Menge, und damit der Lagerbestand, hängt von vielen Faktoren ab. Dabei ist es wichtig, dass der Lagerbestand weder zu groß noch zu klein ist. Wenn dieses Ziel erreicht worden ist, spricht man vom sogenannten **optimalen Lagerbestand**.
Stellen Sie mögliche Auswirkungen eines zu hohen bzw. zu niedrigen Lagerbestandes gegenüber.

Auswirkungen bei zu hohem Lagerbestand	Auswirkungen bei zu niedrigem Lagerbestand

5. Till arbeitet als Fachkraft für Lagerlogistik bei einem Großhändler für Elektroteile. Er hat die Aufgabe, die optimale Bestellmenge für den Artikel A zu ermitteln. Aus der Lagerstatistik stehen Till für das Jahr 2018 für den Artikel A folgende Daten zur Verfügung:

Jahresbedarf	2 400 Stück
Bestellkosten pro Bestellung	40,00 €
Lagerkosten pro Stück	1,20 €

a) Tragen Sie die Begriffe Bestellkosten, Lagerkosten und Gesamtkosten in die untenstehende Graphik ein. Ermitteln Sie die für das Jahr 2018 optimale Bestellmenge.

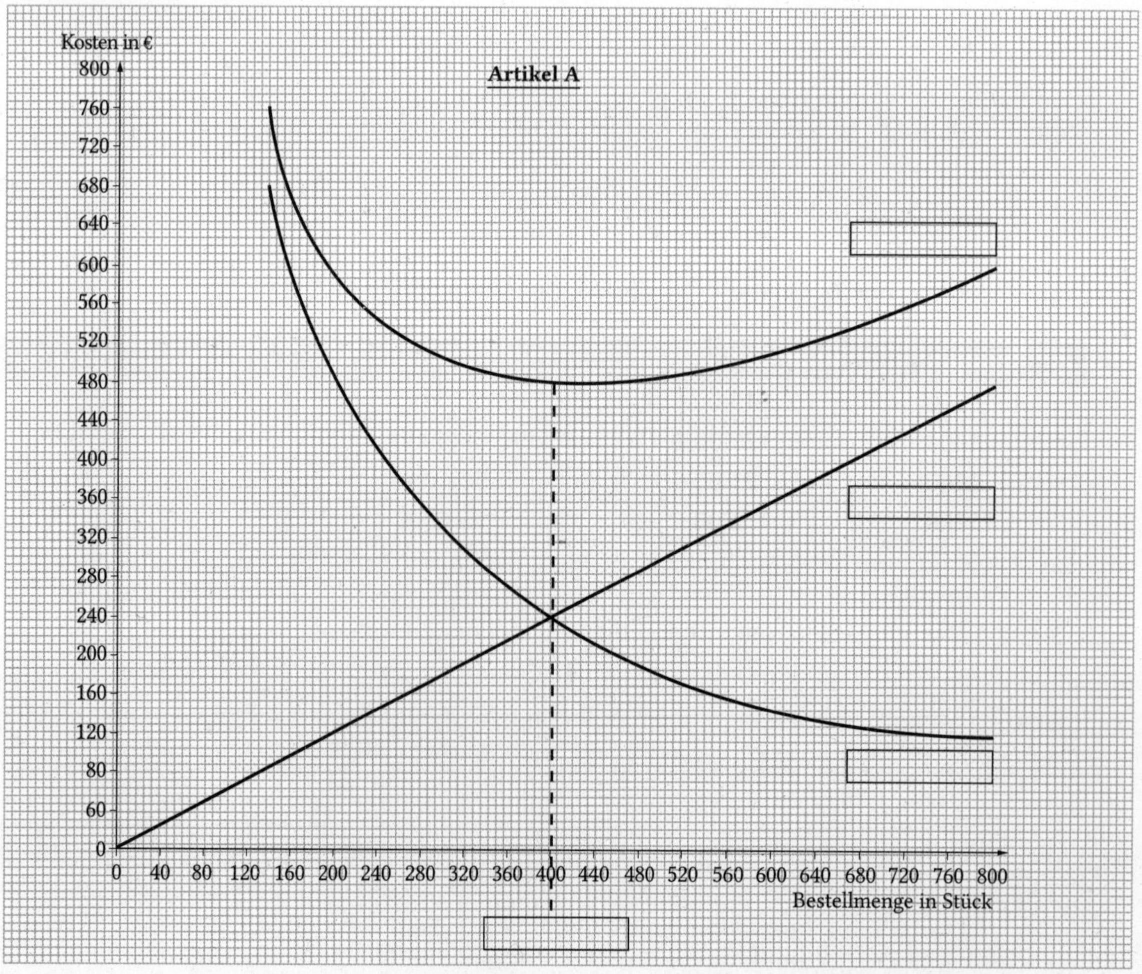

b) Berechnen Sie, wie oft im Jahr 2018 die Bestellung für den Artikel A ausgelöst werden musste, um den Jahresbedarf (ohne Reserven) abzudecken.

c) Im Jahr 2019 konnten die Lagerkosten für den Artikel A um 25 % gesenkt werden. Berechnen Sie die Höhe der Lagerkosten pro Stück für 2019.

d) Ermitteln Sie die optimale Bestellmenge für das Jahr 2019, indem Sie die Tabelle vervollständigen. Beachten Sie, dass sich im Lager im Durchschnitt die halbe Bestellmenge befindet. Kennzeichnen Sie die optimale Bestellmenge farblich.

	A	B	C	D	E	F
1	**Anzahl der Bestellungen**	**Bestellmenge**	**durchschnittlicher Lagerbestand**	**Bestellkosten in €**	**Lagerkosten in €**	**Gesamtkosten in €**
2	1					
3	2					
4	3					
5	4					
6	5					
7	6					
8	12					

e) Geben Sie die Formeln an, mit denen die folgenden Zellen in einem Tabellenkalkulationsprogramm berechnet werden können.

C3	
D3	
E3	
F3	

6. Ein Fahrradhersteller erhält den Auftrag für die Herstellung von 1000 Fahrrädern. Die Rahmen für diese Fahrräder kommen von einem Zulieferer.
Wie hoch ist der Nettobedarf, wenn von 2 % Zusatzbedarf ausgegangen wird und noch 200 Rahmen auf dem Lager sind, von denen allerdings bereits 50 für einen Spezialauftrag reserviert sind. 300 Rahmen sind bereits bestellt, wurden aber noch nicht geliefert.

Arbeitsblatt 2: Bestellzeitpunkt

Beim **Bestellpunktverfahren** wird eine Nachbestellung durchgeführt, wenn der sogenannte „Meldebestand" erreicht wurde.

1. Ermitteln Sie mithilfe der entsprechenden Formel den Meldebestand, wenn von folgenden Daten ausgegangen wird:
Tagesumsatz 80 Stück, Lieferzeit sechs Tage, Mindestbestand 240 Stück, Höchstbestand 1600 Stück

Variation: Wie hoch ist der Meldebestand, wenn beobachtet wird, dass der Lieferant regelmäßig zwei Tage länger benötigt und der Tagesverbrauch auf 60 Stück durchschnittlich gesunken ist?

2. Ihnen liegt folgender Sachverhalt vor.

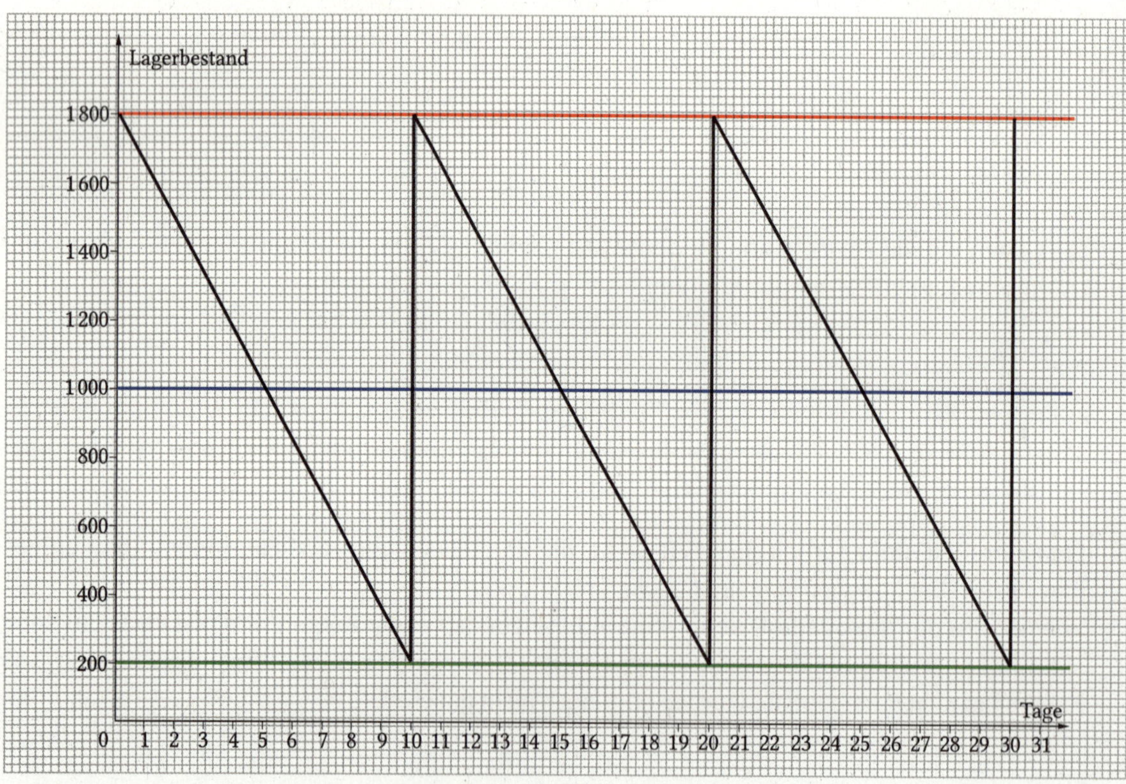

a) Geben Sie den Melde-, Mindest- und Höchstbestand an.

b) An welchen Tagen wird bestellt?

c) Wie hoch ist die Bestellmenge?

___

d) Wie viele Tage beträgt die Lieferzeit?

___

e) An welchen Tagen erfolgen die Anlieferungen?

___

3. Bei der Elektro 2000 GmbH wird der Artikel 234500 im Bestellrhythmusverfahren disponiert. Jeden Dienstag überprüft der Lagerleiter die Lagerbestände und gibt diese an den Einkauf weiter. Es wird immer die Menge bestellt, um den Höchstbestand von 10 000 Stück maximal zu erreichen. Der Höchstbestand darf zwar unterschritten, jedoch keinesfalls überschritten werden. Folgende Lagerbestände wurden im März ermittelt:

03. März	5425 Stück
10. März	8240 Stück
17. März	7425 Stück
24. März	6425 Stück
31. März	7452 Stück

a) Begründen Sie, warum es sich hier um das Bestellrhythmusverfahren handelt.

___

b) Die Verpackungseinheit beträgt 50 Stück. Bei den Bestellungen wurde der Höchstbestand nicht immer erreicht, aber er wurde nie überschritten. Bestellt wurde jeweils die Menge, die dem Höchstbestand so nah wie möglich kam. Ermitteln Sie die komplette Bestellmenge (in Stück) für den Monat März.

4. Bringen Sie den Ablauf des Kanban-Systems in die richtige Reihenfolge.

1	Entnahme aus den Behältern
	Verladung der Sendung beim Lieferanten
	Bedarfsermittlung durch Abscannen des Barcodes auf der Behälterkarte
	Einlagerung der neuen Lieferung ins Kanban-Regal beim Kunden
	Kommissionierung beim Lieferanten
	Übermittlung des Bestellimpulses per DFÜ vom Kunden zum Lieferanten

5. Für welche Güter eignet sich das Kanban-System besonders?

___

___

6. Das „Just-in-time"-Verfahren ist eine Form der lagerlosen Materialversorgung, bei der der Lieferant gerade zur richtigen Zeit, also wenn das Material z. B. in der Fertigung benötigt wird, anliefert. Das Verfahren funktioniert aber nur, wenn z. B. folgende Voraussetzungen erfüllt sind:

7. Das „Just-in-time"-Verfahren hat große Vorteile, birgt aber auch Gefahren und Nachteile.

Vorteile	Nachteile

Arbeitsblatt 3: Wareneinkauf

1. Welcher Vorteil ist nicht mit einem EDV-gesteuerten Warenwirtschaftssystem verbunden? ☐

a) Beschleunigung der innerbetrieblichen Informationsströme
b) Es können keine Fehler mehr vorkommen
c) Vereinfachung der Arbeit durch Zugriff auf gemeinsamen Datenbestand
d) Automatisierung betrieblicher Vorgänge (z. B. Bestellvorgang)
e) Nutzung von Auswertungsmöglichkeiten

2. Welche Hilfsmittel stehen bei der Ermittlung von Bezugsquellen zur Verfügung?

3. Welche Aussage zur Anfrage ist richtig? ☐

a) Anfragen sind stets verbindlich.
b) Anfragen können nur schriftlich vorgenommen werden.
c) Anfragen sind eine rechtsverbindliche Willenserklärung.
d) Anfragen enthalten Liefer- und Zahlungsbedingungen.
e) Anfragen dienen z. B. der Einholung von Informationen über das Sortiment des Lieferanten.

4. Welche Inhalte sollte ein Angebot des Lieferanten auf jeden Fall enthalten?

____

____

____

____

____

____

5. Was versteht man unter folgenden Incoterms?

EXW ____

DAP ____

FOB ____

CIF ____

6. Aufgrund einer Anfrage erhielt ein Großhändler folgendes Angebot für einen bestimmten Artikel:

> **Lieferant Y:**
> Listenpreis pro Stück 385,00 €, Rabatt bei Abnahme von mindestens 50 Stück 12,5 %, 2 % Skontoabzug bei Zahlung innerhalb 8 Tagen, Verpackung ist im Preis inbegriffen, Versandkosten pro 10 Stück 44,00 €

Sollte der Großhändler bei diesem Lieferanten bestellen, wenn sein bisheriger Lieferant 100 Stück zu einem Bezugspreis von 349,90 pro Stück geliefert hat?

a) Führen Sie einen rechnerischen Angebotsvergleich durch.

b) Welche weiteren Überlegungen könnten bei der Auswahl eines Lieferanten von Bedeutung sein? (Qualitativer Angebotsvergleich!)

___

___

___

___

7. Bestellung und Bestellungsannahme

(1) Ergänzen Sie folgenden Satz.

Die Bestellung ist die ______________________ des Käufers, eine

bestimmte Ware zu bestimmten Bedingungen kaufen zu wollen.

(2) In welchem Fall ist eine Auftragsbestätigung für das Zustandekommen eines Kaufvertrags nicht nötig?

a) Der Bestellung ging kein Angebot voraus. ☐
b) Die Bestellung entspricht dem verbindlichen Angebot des Lieferanten.
c) Die Bestellung weicht vom verbindlichen Angebot des Lieferanten ab.
d) Die Bestellung trifft verspätet beim Lieferanten ein.
e) Das der Bestellung zugrunde liegende Angebot war freibleibend.

Praktische Übung

Übung: Eine Lieferantenbewertung erstellen

Situation

Sie arbeiten für das Autohaus Fiedler in Frankfurt. Es sollen 50 Reifen der Sorte 165 SR 14 nachbestellt werden.
Die Reifen sollen spätestens drei Wochen nach Bestellung eintreffen.
Bisher wurden die Reifen bei den Lieferanten Alpha KG in Hanau und Gamma GmbH in Aschaffenburg bezogen. Als neuer Lieferant wird Ihnen die Delta GmbH, Bismarckstraße 56 in 63478 Offenbach empfohlen.

Aufgaben

1. Entwerfen Sie eine Anfrage an die Delta GmbH und schreiben Sie diese unter dem 10. September 20.. als formgerechten Brief (siehe Briefvordruck).

Als Antwort auf diese Anfrage erhält das Autohaus Fiedler am 13. September 20.. folgendes Angebot der Delta GmbH:

Vielen Dank für Ihre Anfrage vom 10. September. Die angefragten 50 Stück Reifen der Sorte 165 SR 14 bieten wir Ihnen zu einem Listeneinkaufspreis von 80,00 € pro Stück an. Die gewünschte Sendung ist sofort nach Ihrer Bestellung lieferbar.
Unsere Preise verstehen sich frachtfrei zuzüglich 0,50 € Transportkosten je Stück und einer Verpackungskostenpauschale von 100,00 €. Bei Zahlung innerhalb von 8 Tagen sind 3 % Skonto abziehbar, ansonsten gelten 30 Tage Zielzahlung.
Gerne nehmen wir Ihre Bestellung entgegen und gewähren Ihnen einen Erstbezieherrabatt von 15 %. Bei weiteren Aufträgen werden Preisnachlässe nach der Bestellmenge berechnet.

2. Tragen Sie die Bedingungen der Delta GmbH in die Tabelle ein, die aus der Lieferantendatei mit den bisherigen Lieferanten des Reifens 165 SR 14 erstellt wurde.

Lieferantenkonditionen		Reifen 165 SR 14	
Lieferant	**Alpha KG, Hanau**	**Gamma GmbH Aschaffenburg**	**Delta GmbH, Offenbach**
Preis je Stück	70,00 €	74,00 €	
Zahlungsbedingungen	10 % Rabatt bei Mindestabnahme von 40 Stück, 2 % Skonto bei Zahlung innerhalb 10 Tagen oder Zahlungsziel von 20 Tagen	15 % Rabatt bei Mindestabnahme von 50 Stück, 3 % Skonto bei Zahlung innerhalb einer Woche, sonst 40 Tage netto Kasse	
Lieferbedingungen	ab Werk	frei Haus	
Transportkosten je Stück	5,50 €		
Verpackungskosten	einschließlich	200,00 € pauschal	
Lieferzeit	10 Tage	4 Wochen	

3. Ermitteln Sie mithilfe des unten abgebildeten Kalkulationsschemas die jeweiligen Bezugspreise für die Lieferung von 50 Reifen und stellen Sie auf diese Weise den günstigsten Lieferanten fest.

Kalkulationsschema	Artikel: Autoreifen	Nr.: 165 SR 14	Liefermenge: 50 Stück
Liefermenge 50 Stück	**Alpha KG, Hanau**	**Gamma GmbH Aschaffenburg**	**Delta GmbH Offenbach**
Listeneinkaufspreis			
– Rabatt			
= Zieleinkaufspreis			
– Skonto			
= Bareinkaufspreis			
+ Bezugskosten Transport Verpackung			
= Bezugs- oder Einstandspreis			

Autohaus Fiedler

Industriestraße 45
60456 Frankfurt

Autohaus Fiedler GmbH, Industriestraße 45, 60456 Frankfurt

Ihr Zeichen, Ihre Nachricht vom | Unser Zeichen, unsere Nachricht vom | Telefon, Name | Datum

4. Nicht allein der Bezugspreis kann ausschlaggebend für die Auswahl eines Lieferanten sein. Vielmehr spielen weitere Kriterien eine Rolle. Über die bisherigen Lieferanten Alpha KG und Gamma GmbH wurden folgende Bewertungen festgehalten:

Bewertungen der Lieferanten
Alpha KG ist in der Lage kurzfristig zu liefern, Qualität der Ware nicht immer zufriedenstellend, schleppende Behandlung von Mängelrügen

Mit Gamma GmbH besteht eine lange Geschäftsbeziehung, relativ lange Lieferzeiten, die aber zuverlässig eingehalten werden, weist auf neue Produkte hin und berät gut, problemlose Behandlung von Mängelrügen

Über den neuen Lieferanten Delta GmbH gibt es natürlich noch keine Erfahrungen. Er kann deshalb in einen qualitativen Angebotsvergleich nicht mit einbezogen werden.

Führen Sie für die Lieferanten Alpha KG und Gamma GmbH mithilfe der folgenden **Bewertungstabelle** einen **qualitativen Angebotsvergleich** durch.

Lieferant		Alpha KG		Gamma GmbH	
Auswahlkriterien	**Gewichtungsfaktoren**	**Bewertung**	**Punkte (gewichtet)**	**Bewertung**	**Punkte (gewichtet)**
Qualität der Ware					
Zuverlässigkeit					
Lieferzeit					
Service					
Zahlungsbedingungen					
Summe	100				

(Bewertungsskala: 1 = schlecht, 2 = mittel, 3 = sehr gut)

Bildquellenverzeichnis

ABUS Kransysteme GmbH, Gummersbach: 88 1, 88 2, 88 3, 88 4, 88 5, 88 6

ADAC, München: 151 1

ALFOTEC GmbH, Wermelskirchen: 86 4

BC GmbH Verlags- und Medien-, Forschungs- und Beratungsgesellschaft, Ingelheim: 58 1, 58 3, 58 4, 58 5, 58 6, 58 7, 58 8, 58 9, 95 1

BITO-Lagertechnik Bittmann GmbH, Meisenheim: 36 4, 37 2, 38 2, 39 3, 40 2, 41 1, 41 3, 42 1, 42 2, 42 3, 43 1, 43 2, 43 3, 44 2, 48 1, 48 3, 49 1, 49 2

BLUME-ROLLEN GMBH, Radevormwald: 86 2, 86 3

Brauner, Angelika, Hohenpeißenberg: 144 1, 207 1, 207 3, 207 4

Bundesministerium für Verkehr und digitale Infrastruktur, Berlin: 130 2, 130 3, 177 1, 177 2

Bundesministerium für Verkehr, Bau und Stadtentwicklung, Berlin: 210 1

DIN-Deutsches Institut für Normung e.V., Berlin: 121 1, 121 10, 121 11, 121 12, 121 13, 121 2, 121 3, 121 4, 121 6, 121 7, 121 8, 121 9

fotolia.com, New York: Christian Stoll 24 1; crevis 143 2; eyetronic 135 2; Mammut Vision 20, 23; Mixage 17 1; Scanrail 139 2; Serg Nvns 145 2; thomaslerchphoto 141 2

Galas, Elisabeth, Bad Breisig: 105 2, 105 3, 105 4, 106 1, 152 1, 155 1

Hild, Claudia, Angelburg: 178 1, 178 2, 201 1

iStockphoto.com, Calgary: Fertnig 12 1

Jungheinrich AG, Hamburg: 87 1, 87 2, 87 3, 87 4, 87 5, 87 6, 87 7, 87 8

Lufthansa Cargo AG, Frankfurt am Main: 224 1

NERAK GmbH Fördertechnik, Hambühren: 86 6

OKS Group, Delhi: 9 1, 19 1, 20, 20 2, 20 3, 20 4, 22 1, 23, 23 2, 33 1, 36 1, 36 2, 36 3, 38 1, 41 2, 45 1, 53 1, 53 2, 64 1, 64 2, 70 1, 70 2, 72 1, 79 2, 98 3, 111 1, 116 1, 133 2, 167 1, 179 2, 198 4, 206 3, 217 1, 217 2, 232 2, 232 3, 235 1, 246 1

Pro City Consulting UG, Bad Kreuznach: 150 1

ratioform Verpackungen GmbH, Pliening: 131 2, 131 3, 131 5, 131 6, 131 7

stock.adobe.com, Dublin: hacohob Titel; Production Perig Titel

Strapex GmbH, Holzgerlingen: 131 4

Thürlings Verpackungsmaschinen GmbH, Viersen: 86 1

Verband der TÜV e.V., Berlin: 179 3

WS-Anlagenbau GmbH, Borgholzhausen: 86 5

Wir arbeiten sehr sorgfältig daran, für alle verwendeten Abbildungen die Rechteinhaberinnen und Rechteinhaber zu ermitteln. Sollte uns dies im Einzelfall nicht vollständig gelungen sein, werden berechtigte Ansprüche selbstverständlich im Rahmen der üblichen Vereinbarungen abgegolten.